THE SECOND 100 CHINESE CHARACTERS

D0509339

TRADITIONAL CHARACTER EDITION

The Quick and Easy Method to Learn
the second 100 Basic Chinese Characters

Introduction by
Alison and Lawrence Matthews

Hillsboro Public Library
Hillsboro, OR
A member of Washington County
COOPERATIVE LIBRARY SERVICES

TUTTLE PUBLISHING
Tokyo • Rutland, Vermont • Singapore

Published by Tuttle Publishing, an imprint of Periplus Editions (HK) Ltd, with editorial offices at 364 Innovation Drive, North Clarendon, Vermont 05759 and 130 Joo Seng Road, #06-01, Singapore 368357.

Copyright © 2007 by Periplus Editions (HK) Ltd.
All rights reserved.

ISBN-10: 0-8048-3833-X
ISBN-13: 978-0-8048-3833-7

33614057791799

Distributed by:

Japan
Tuttle Publishing
Yaekari Building 3F
5-4-12 Osaki, Shinagawa-ku
Tokyo 141-0032, Japan
Tel: (03) 5437 0171
Fax: (03) 5437 0755
Email: tuttle-sales@gol.com

North America, Latin America & Europe
Tuttle Publishing
364 Innovation Drive
North Clarendon, VT 05759-9436
Tel: (802) 773 8930
Fax: (802) 773 6993
Email: info@tuttlepublishing.com
www.tuttlepublishing.com

Asia-Pacific
Berkeley Books Pte Ltd
130 Joo Seng Road, 06-01/03
Singapore 368357
Tel: (65) 6280 1330
Fax: (65) 6280 6290
Email: inquiries@periplus.com.sg
www.periplus.com

Indonesia
PT Java Books Indonesia
Kawasan Industri Pulogadung
Jl. Rawa Gelam IV No. 9
Jakarta 13930, Indonesia
Telp. (021) 4682 1088
Fax. (021) 461 0207
Email: cs@javabooks.co.id

09 08 07 06
8 7 6 5 4 3 2 1

Printed in Singapore

TUTTLE PUBLISHING® is a registered trademark of Tuttle Publishing, a division of Periplus Editions (HK) Ltd.

Contents

Introduction 4
歲 **suì** 10
怎 **zěn** 11
樣 **yàng** 12
認 **rèn** 13
識 **shí** 14
現 **xiàn** 15
可 **kě** 16
點 **diǎn** 17
半 **bàn** 18
分 **fēn/fèn** 19
鐘 **zhōng** 20
因 **yīn** 21
為 **wèi/wéi** 22
很 **hěn** 23
忙 **máng** 24
還 **hái/huán** 25
喜 **xǐ** 26
歡 **huān** 27
等 **děng** 28
太 **tài** 29
久 **jiǔ** 30
週 **zhōu** 31
末 **mò** 32
打 **dǎ/dá** 33
球 **qiú** 34
看 **kàn/kān** 35
書 **shū** 36
常 **cháng** 37
寫 **xiě** 38
電 **diàn** 39
視 **shì** 40
唱 **chàng** 41
歌 **gē** 42
吧 **ba/bā** 43
聽 **tīng** 44
音 **yīn** 45
樂 **yuè/lè** 46
會 **huì** 47
跳 **tiào** 48
舞 **wǔ** 49
對 **duì** 50
錯 **cuò** 51
才 **cái** 52
回 **huí** 53
去 **qù** 54
所 **suǒ** 55
以 **yǐ** 56
裡 **lǐ** 57
外 **wài** 58
祇 **zhǐ** 59
想 **xiǎng** 60
玩 **wán** 61
愛 **ài** 62
睡 **shuì** 63
覺 **jiào/jué** 64
找 **zhǎo** 65
到 **dào** 66
工 **gōng** 67
作 **zuò/zuō** 68
後 **hòu** 69
快 **kuài** 70
放 **fàng** 71
開 **kāi** 72
意 **yì** 73
思 **sī** 74
說 **shuō** 75
空 **kòng/kōng** 76
話 **huà** 77
要 **yào/yāo** 78
知 **zhī** 79
道 **dào** 80
別 **bié/biè** 81
客 **kè** 82
氣 **qì** 83
進 **jìn** 84
來 **lái** 85
坐 **zuò** 86
呀 **yā** 87
介 **jiè** 88
紹 **shào** 89
高 **gāo** 90
興 **xìng/xīng** 91
漂 **piāo/piǎo/piào** 92
亮 **liàng** 93
口 **kǒu** 94
渴 **kě** 95
喝 **hē/hè** 96
茶 **chá** 97
給 **gěi** 98
杯 **bēi** 99
水 **shuǐ** 100
就 **jiù** 101
起 **qǐ** 102
牀 **chuáng** 103
考 **kǎo** 104
試 **shì** 105
方 **fāng** 106
便 **biàn/pián** 107
幫 **bāng** 108
助 **zhù** 109
Hanyu Pinyin Index 110
Radical Index 116
English–Chinese Index 118
List of Radicals 128

Introduction

Learning the characters is one of the most fascinating and fun parts of learning Chinese, and people are often surprised by how much they enjoy being able to recognize them and to write them. Added to that, *writing* the characters is also the best way of *learning* them. This book shows you how to write the second 100 most common characters and gives you plenty of space to practice writing them. When you do this, you'll be learning a writing system which is one of the oldest in the world and is now used by more than a billion people around the globe every day.

In this introduction we'll talk about:

- how the characters developed;
- the difference between traditional and simplified forms of the characters;
- what the "radicals" are and why they're useful;
- how to count the writing strokes used to form each character;
- how to look up the characters in a dictionary;
- how words are created by joining two characters together; and, most importantly;
- how to write the characters!

Also, in case you're using this book on your own without a teacher, we'll tell you how to get the most out of using it.

Chinese characters are not nearly as strange and complicated as people seem to think. They're actually no more mysterious than musical notation, which most people can master in only a few months. So there's really nothing to be scared of or worried about: everyone can learn them—it just requires a bit of patience and perseverance. There are also some things which you may have heard about writing Chinese characters that aren't true. In particular, you don't need to use a special brush to write them (a ball-point pen is fine), and you don't need to be good at drawing (in fact you don't even need to have neat handwriting, although it helps!).

How many characters are there?

Thousands! You would probably need to know something like two thousand to be able to read Chinese newspapers and books, but you don't need anything like that number to read a menu, go shopping or read simple street signs and instructions. Just as you can get by in most countries knowing about a hundred words of the local language, so too you can get by in China quite well knowing a hundred common Chinese characters. And this would also be an excellent basis for learning to read and write Chinese.

How did the characters originally develop?

Chinese characters started out as pictures representing simple objects, and the first characters originally resembled the things they represented. For example:

口 = mouth

木 = tree

日 = sun

Some other simple characters were pictures of "ideas":

一 one　　二 two　　三 three

Some of these characters kept this "pictographic" or "ideographic" quality about them, but others were gradually modified or abbreviated until many of them now look nothing like the original objects or ideas.

Then, as words were needed for things which weren't easy to draw, existing characters were "combined" to create new characters. For example, 女 (meaning "woman") combined with 子 (meaning "child") gives a new character 好 (which means "good" or "to be fond of").

Notice that when two characters are joined together like this to form a new character, they get squashed together and deformed slightly. This is so that the new, combined character will fit into the same size square or "box" as each of the original two characters. For example the character 日 "sun" becomes thinner when it is the left-hand part of the character 時 "time"; and it becomes shorter when it is the upper part of the character 星 "star". Some components got distorted and deformed even more than this in the combining process: for example when the character 人 "man" appears on the left-hand side of a complex character it gets compressed into 亻, like in the character 他 "he".

So you can see that some of the simpler characters often act as basic "building blocks" from which more complex characters are formed. This means that if you learn how to write these simple characters you'll also be learning how to write some complex ones too.

How are characters read and pronounced?

The pronunciations in this workbook refer to modern standard Chinese. This is the official language of China and is also known as "Mandarin" or "**putonghua**".

The pronunciation of Chinese characters is written out with letters of the alphabet using a romanization system called "Hanyu Pinyin"—or "**pinyin**" for short. This is the modern system used in China. In pinyin some of the letters have a different sound than in English—but if you are learning Chinese you'll already know this. We could give a description here of how to pronounce each sound, but it would take up a lot of space—and this workbook is about writing the characters, not pronouncing them! In any case, you really need to hear a teacher (or recording) pronounce the sounds out loud to get an accurate idea of what they sound like.

Each Chinese character is pronounced using only one syllable. However, in addition to the syllable, each character also has a particular *tone*, which refers to how the pitch of the voice is used. In standard Chinese there are four different tones, and in pinyin the tone is marked by placing an accent mark over the vowel as follows:

1st tone (high, flat) **mā**
2nd tone (rising) **má**
3rd tone (down-up) **mǎ**
4th tone (falling) **mà**

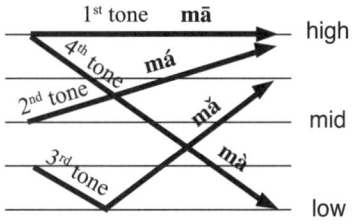

The pronunciation of each character is therefore a combination of a syllable and a tone. There are only a small number of available syllables in Chinese, and many characters therefore share the same syllable—in fact many characters share the same sound plus tone combination. They are like the English words "here" and "hear"—when they are spoken, you can only tell which is which from the context or by seeing the word in written form.

Apart from **putonghua** (modern standard Chinese), another well-known type of Chinese is Cantonese, which is spoken in southern China and in many Chinese communities around the world. In fact there are several dozen different Chinese languages, and the pronunciations of Chinese characters in these languages are all very different from each other. But the important thing to realize is that the characters themselves do *not* change. So two Chinese people who can't understand each other when they're talking together, can write to one another without any problem at all!

Simplified and traditional characters

As more and more characters were introduced over the years by combining existing characters, some of them became quite complicated. Writing them required many strokes which was time-consuming, and it became difficult to distinguish some of them, especially when the writing was small. So when writing the characters quickly in hand-written form, many people developed short-cuts and wrote them in a more simplified form. In the middle of the 20th century, the Chinese decided to create a standardised set of simplified characters to be used by everyone in China. This resulted in many of the more complicated characters being given simplified forms, making them much easier to learn and to write. Today in China, and also in Singapore, these simplified characters are used almost exclusively, and many Chinese no longer learn the old traditional forms. However the full traditional forms continue to be used in Taiwan and in overseas Chinese communities around the world.

Here are some examples of how some characters were simplified:

Traditional		Simplified
見	→	见
飯	→	饭
號	→	号
幾	→	几

Modern standard Chinese uses only simplified characters. But it is useful to be able to recognize the traditional forms as they are still used in many places outside China, and of course older books and inscriptions were also written using the traditional forms. This workbook teaches the full traditional forms. If there is a simplified form, then it is shown in a separate box on the right-hand side of the page so that you can see what it looks like.

How is Chinese written?

Chinese was traditionally written from top to bottom in columns beginning on the right-hand side of the page and working towards the left, like this:

幸福一點兒也不
難擁有。祇要妳
常為人着想，帶
來歡樂，妳會發
覺到那也是一種
幸福呀！

This means that for a book printed in this way, you start by opening it at (what Westerners would think of as) the back cover. While writing in columns is sometimes considered archaic, you will still find many books, especially novels and more serious works of history, printed in this way.

Nowadays, though, most Chinese people write from left to right in horizontal lines working from the top of a page to the bottom, just as we do in English.

Are Chinese characters the same as English words?
Although each character has a meaning, it's not really true that an individual character is equivalent to an English "word". Each character is actually only a single *syllable*. In Chinese (like in English) some words are just one syllable, but most words are made up of two or more syllables joined together. The vast majority of words in Chinese actually consist of two separate characters placed together in a pair. These multi-syllable words are often referred to as "compounds", and this workbook provides a list of common compounds for each character.

Some Chinese characters are one-syllable words on their own (like the English words "if" and "you"), while other characters are only ever used as one half of a word (like the English syllables "sen" and "tence"). Some characters do both: they're like the English "light" which is happy as a word on its own, but which also links up to form words like "headlight" or "lighthouse".

The Chinese write sentences by stringing characters together in a long line from left to right (or in a column from top to bottom), with equal-sized spaces between each character. If English were written this way—as individual syllables rather than as words that are joined together—it would mean all the syllables would be written separately with spaces in between them, something like this:

If you can un der stand this sen tence you can read Chi nese too.

So in theory, you can't see which characters are paired together to form words, but in practice, once you know a bit of Chinese, you can!

Punctuation was not traditionally used when writing Chinese, but today commas, periods (full stops), quotation marks, and exclamation points are all used along with other types of punctuation which have been borrowed from English.

Two ways of putting characters together
We have looked at *combining characters* together to make new *characters*, and *pairing characters* together to make *words*. So what's the difference?

Well, when two *simple characters* are combined to form a new *complex character*, they are squashed or distorted so that the new character fits into the same size square as the original characters. The meaning of the new character *may* be related to the meaning of its components, but it frequently appears to have no connection with them at all! The new complex character also has a new single-syllable pronunciation, which may or may not be related to the pronunciation of one of its parts. For example:

女 **nǚ** woman	+	也 **yě** also	=	她 **tā** she
日 **rì** sun	+	月 **yuè** moon/month	=	明 **míng** bright

On the other hand, when characters are *paired together* to create *words*, the characters are simply written one after the other, normal sized, with a normal space in between (and there are no hyphens or anything to show that these characters are working together as a pair). The resulting word has a pronunciation which is *two* syllables—it is simply the pronunciations of the two individual characters one after the other. Also, you're much more likely to be able to guess the meaning of the word from the meanings of the individual characters that make it up. For example:

大 **dà** big	+	人 **rén** person	=	大人 **dà rén** adult
姐 **jiě** older sister	+	妹 **mèi** younger sister	=	姐妹 **jiě mèi** sisters
四 **sì** four	+	月 **yuè** moon/month	=	四月 **sì yuè** April
再 **zài** again	+	見 **jiàn** see; meet	=	再見 **zài jiàn** Goodbye!

Is it necessary to learn words as well as characters?
As we've said, the meaning of a compound word is often related to the meanings of the individual characters. But this is not always the case, and sometimes the word takes on a new and very specific meaning. So to be able to read Chinese sentences and understand what they mean, it isn't enough just to learn individual character—you'll also need to learn words. (In fact, many individual characters have very little meaning at all by themselves, and only take on meanings when paired with other characters).

Here are some examples of common Chinese words where the meaning of the overall word is not what you might expect from the meanings of the individual characters:

明		天		明天
míng	+	**tiān**	=	**míng tiān**
bright		day/sky		tomorrow
好		在		好在
hǎo	+	**zài**	=	**hǎo zài**
good		be present at/ live at		fortunately

If you think about it, the same thing happens in English. If you know what "battle" and "ship" mean, you can probably guess what a "battleship" might be. But this wouldn't work with "championship"! Similarly, you'd be unlikely to guess the meaning of "honeymoon" if you only knew the words "honey" and "moon".

The good news is that learning compound words can help you to learn the characters. For example, you may know (from your Chinese lessons) that **xīng qī** means "week". So when you see that this word is written 星期, you will know that 星 is pronounced **xīng**, and 期 is pronounced **qī**—even when these characters are forming part of *other* words. In fact, you will find that you remember many characters as half of some familiar word.

When you see a word written in characters, you can also often see how the word came to mean what it does. For example, **xīng qī** is 星期 which literally means "star period". This will help you to remember both the word *and* the two individual characters.

What is a stroke count?
Each Chinese character is made up of a number of pen or brush strokes. Each individual stroke is the mark made by a pen or brush before lifting it off the paper to write the next stroke. Strokes come in various shapes and sizes—a stroke can be a straight line, a curve, a bent line, a line with a hook, or a dot. There is a traditional and very specific way that every character should be written. The order and direction of the strokes are both important if the character is to have the correct appearance.

What counts as a stroke is determined by tradition and is not always obvious. For example, the small box that often appears as part of a character (like the one on page 94, in the character 口) counts as three strokes, not four! (This is because a single stroke is traditionally used to write the top and right-hand sides of the box).

All this may sound rather pedantic but it is well worth learning how to write the characters correctly and with the correct number of strokes. One reason is that knowing how to count the strokes correctly is useful for looking up characters in dictionaries, as you'll see later.

This book shows you how to write characters stroke by stroke, and once you get the feel of it you'll very quickly learn how to work out the stroke count of a character you haven't met before, and get it right!

What are radicals?
Although the earliest characters were simple drawings, most characters are complex with two or more parts. And you'll find that some simple characters appear over and over again as parts of many complex characters. Have a look at these five characters:

她 she
媽 mother
姐 older sister
好 good
姓 surname

All five of these characters have the same component on the left-hand side: 女, which means "woman". This component gives a clue to the meaning of the character, and is called the "radical". As you can see, most of these five characters have something to do with the idea of "woman", but as you can also see, it's not a totally reliable way of guessing the meaning of a character. (Meanings of characters are something you just have to learn, without much help from their component parts).

Unfortunately the radical isn't always on the left-hand side of a character. Sometimes it's on the right, or on the top, or on the bottom. Here are some examples:

Character	Radical	Position of radical
都	阝	right
星	日	top
您	心	bottom
這	辶	left and bottom

Because it's not always easy to tell what the radical is for a particular character, it's given explicitly in a separate box for each of the characters in this book. However, as you learn more and more characters, you'll find that you can often guess the radical just by looking at a character.

Why bother with radicals? Well, for hundreds of years Chinese dictionaries have used the radical component of each character as a way of indexing them. All characters, even the really simple ones, are assigned to one radical or another so that they can be placed within the index of a Chinese dictionary (see the next section).

Incidentally, when you take away the radical, what's left is often a clue to the *pronunciation* of the character (this remainder is called the "phonetic component"). For example, 嗎 and 媽 are formed by adding different radicals to the character 馬 "horse" which is pronounced **mǎ**. Now 嗎 is pronounced **ma** and 媽 is pronounced **mā**, so you can see that these two characters have inherited their pronunciations from the phonetic component 馬. Unfortunately these "phonetic components" aren't very dependable: for example 也 on its own is pronounced **yě** but 他 and 她 are both pronounced **tā**.

How do I find a character in an index or a dictionary?

This is a question lots of people ask, and the answer varies according to the type of dictionary you are using. Many dictionaries today are organized alphabetically by pronunciation. So if you want to look up a character in a dictionary and you know its pronunciation, then it's easy. It's when you don't know the pronunciation of a character that there's a problem, since there is no alphabetical order for characters like there is for English words.

If you don't know the pronunciation of a character, then you will need to use a radical index (which is why radicals are useful). To use this you have to know which part of the character is the radical, and you will also need to be able to count the number of strokes that make up the character. To look up 姓, for example, 女 is the radical (which has 3 strokes) and the remaining part 生 has 5 strokes. So first you find the radical 女 amongst the 3-stroke radicals in the radical index. Then, since there are lots of characters under 女, look for 姓 in the section which lists all the 女 characters which have 5-stroke remainders.

This workbook has both a Hanyu Pinyin index and a radical index. Why not get used to how these indexes work by picking a character in the book and seeing if you can find it in both of the indexes?

Many dictionaries also have a pure stroke count index (i.e. ignoring the radical). This is useful if you cannot figure out what the radical of the character is. To use this you must count up all the strokes in the character as a whole and then look the character up under that number (so you would look up 姓 under 8 strokes). As you can imagine, this type of index can leave you with long columns of characters to scan through before you find the one you're looking for, so it's usually a last resort!

All these methods have their pitfalls and complications, so recently a completely new way of looking up characters has been devised. The *Chinese Character Fast Finder* (see the inside back cover) organizes characters purely by their shapes so that you can look up any one of 3,000 characters very quickly without knowing its meaning, radical, pronunciation or stroke count!

How should I use this workbook?

One good way to learn characters is to practice writing them, especially if you think about what each character means as you write it. This will fix the characters in your memory better than if you just look at them without writing them.

If you're working on your own without a teacher, work on a few characters at a time. Go at a pace that suits you; it's much better to do small but regular amounts of writing than to do large chunks at irregular intervals. You might start with just one or two characters each day and increase this as you get better at it. Frequent repetition is the key! Try to get into a daily routine of learning a few new characters and also reviewing the ones you learned on previous days. It's also a good idea to keep a list of which characters you've learned each day, and then to "test yourself" on the characters you learned the previous day, three days ago, a week ago and a month ago. Each time you test yourself they will stay in your memory for a longer period.

But *don't* worry if you can't remember a character you wrote out ten times only yesterday! This is quite normal to begin with. Just keep going—it will all be sinking in without you realizing it.

Once you've learned a few characters you can use flash cards to test yourself on them in a random order. You can make your own set of cards, or use a ready-made set like *Chinese in a Flash* (see the inside back cover).

How do I write the characters?

Finally, let's get down to business and talk about actually writing the characters! Under each character in this book, the first few boxes show how the character is written, stroke by stroke. There is a correct way to draw each character, and the diagrams in the boxes show you both the order to draw the strokes in, and also the direction for each stroke.

Use the three gray examples to trace over and then carry on by yourself, drawing the characters using the correct stroke order and directions. The varying thicknesses of the lines show you what the characters would look like if they were drawn with a brush, but if you're using a pencil or ball-point pen don't worry about this. Just trace down the middle of the lines and you will produce good hand-written characters.

Pay attention to the length of each of the strokes so that your finished character has the correct proportions. Use the gray dotted lines inside each box as a guide to help you start and end each stroke in the right place.

You may think that it doesn't really matter how the strokes are written as long as the end result looks the same. To some extent this is true, but there are some good reasons for knowing the "proper" way to write the characters. Firstly, it helps you to count strokes, and secondly it will make your finished character "look right", and also help you to read other people's hand-written characters later on. It's better in the long run to learn the correct method of writing the characters from the beginning because, as with so many other things, once you get into "bad" habits it can be very hard to break them!

If you are left-handed, just use your left hand as normal, but still make sure you use the correct stroke order and directions when writing the strokes. For example, draw your horizontal strokes left to right, even if it feels more natural to draw them right to left.

For each Chinese character there is a fixed, correct order in which to write the strokes. But these "stroke orders" do follow some fairly general rules. The main thing to remember is:

- Generally work left to right and top to bottom.

Some other useful guidelines are:

- Horizontal lines are written before vertical ones (see 才, page 52);
- Lines that slope down and to the left are written before those that slope down and to the right (see 分, page 19);
- A central part or vertical line is written before symmetrical or smaller lines at the sides (see 水, page 100);
- The top and sides of an outer box are written first, then whatever is inside the box, then the bottom is written last to "close" it (see 因, page 21).

As you work through the book you'll see these rules in action and get a feel for them, and you'll know how to draw virtually any Chinese character without having to be shown.

Practice, practice, practice!

Your first attempts at writing will be awkward, but as with most things you'll get better with practice. That's why there are lots of squares for you to use. And don't be too hard on yourself (we all draw clumsy-looking characters when we start); just give yourself plenty of time and practice. After a while, you'll be able to look back at your early attempts and compare them with your most recent ones, and see just how much you've improved.

After writing the same character a number of times (a row or two at most), move on to another one. Don't fill up the whole page at one sitting! Then, after writing several other characters, come back later and do a few more of the first one. Can you remember the stroke order without having to look at the diagram?

Finally, try writing out sentences, or lines of different characters, on ordinary paper. To begin with you can mark out squares to write in if you want to, but after that simply imagine the squares and try to keep your characters all equally sized and equally spaced.

Have fun, and remember—the more you practice writing the characters the easier it gets!

歲

suì years old

common words

歲月 **suì yuè** years
歲數 **suì shu** age
幾歲(?) **jǐ suì** how old(?)
同歲 **tóng suì** same age
週歲 **zhōu suì** first birthday; one year old

13 strokes

radical

止

simplified form

岁

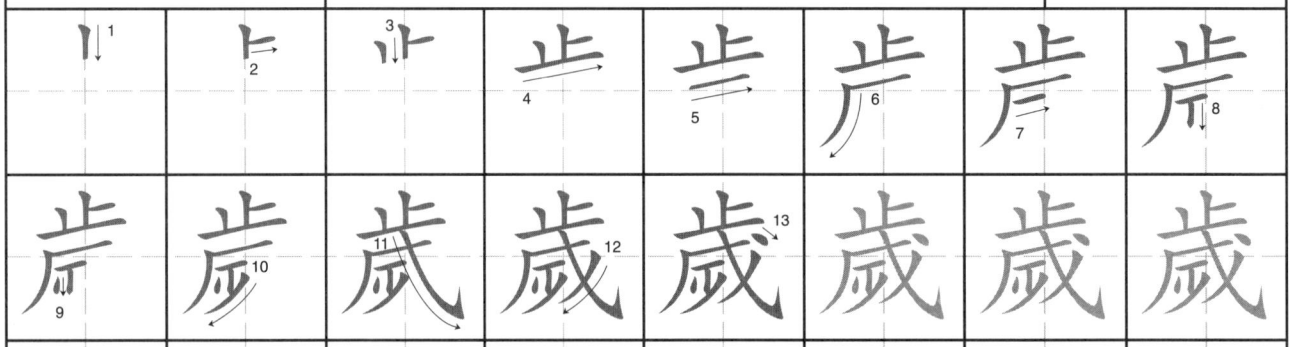

怎

zěn how(?); why(?)

common words

怎麼(?) **zěn me** how(?); why(?)
怎麼樣(?) **zěn me yàng** how about it(?)
怎樣(?) **zěn yàng** how about it(?)
怎麼回事(?) **zěn me huí shì** what's going on(?)
怎麼得了 **zěn me dé liǎo** express a serious condition
不怎麼 **bù zěn me** not very

9 strokes

radical
心

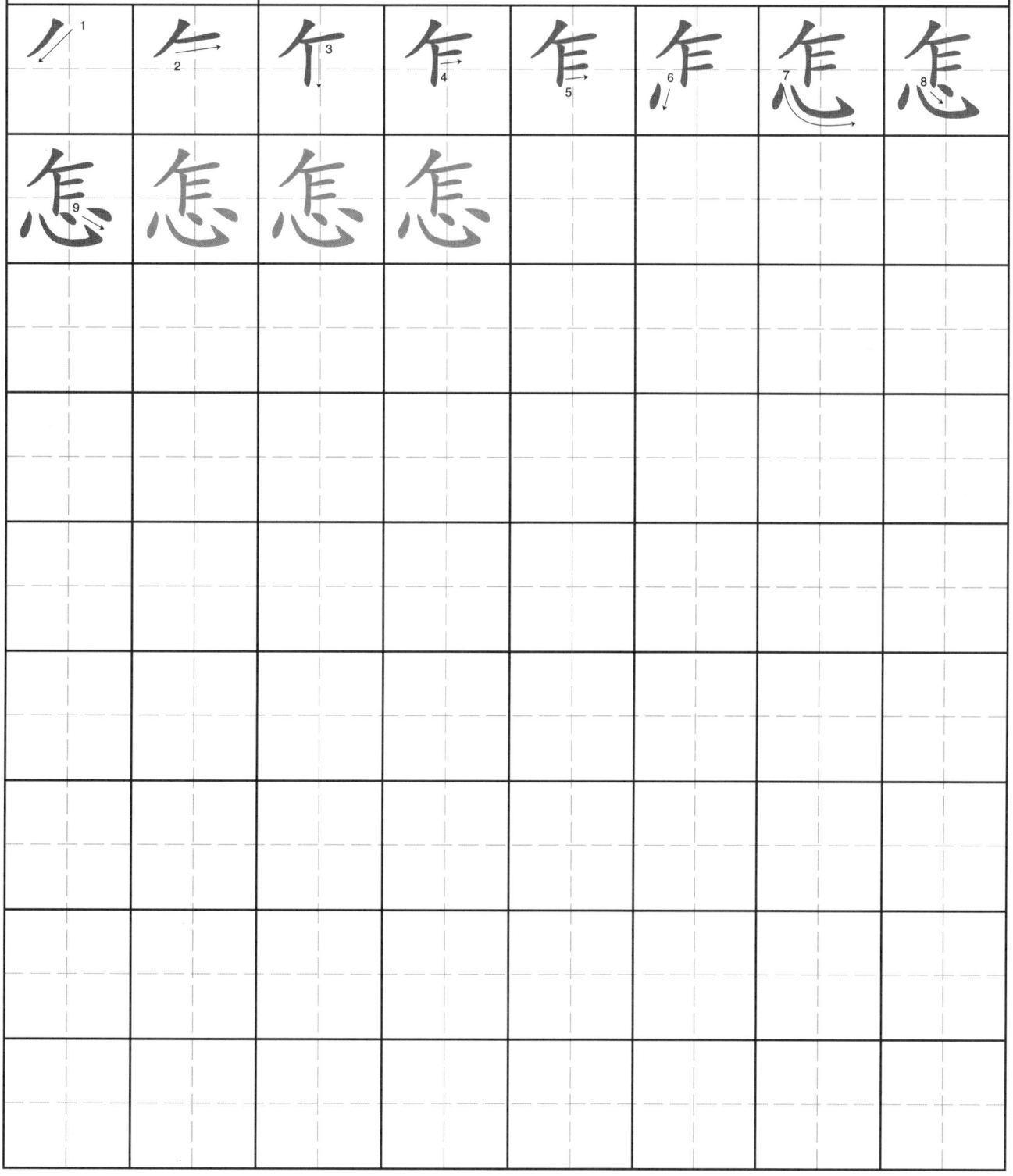

樣

yàng 1. appearance
2. type

common words

樣子 **yàng zi** look; appearance
樣本 **yàng běn** sample book
一樣/同樣 **yī yàng/tóng yàng** alike
花樣 **huā yàng** 1. variety 2. trick
兩樣/不一樣 **liǎng yàng/bù yī yàng** different
這樣 **zhè yàng** in this way

15 strokes

radical
木

simplified form
样

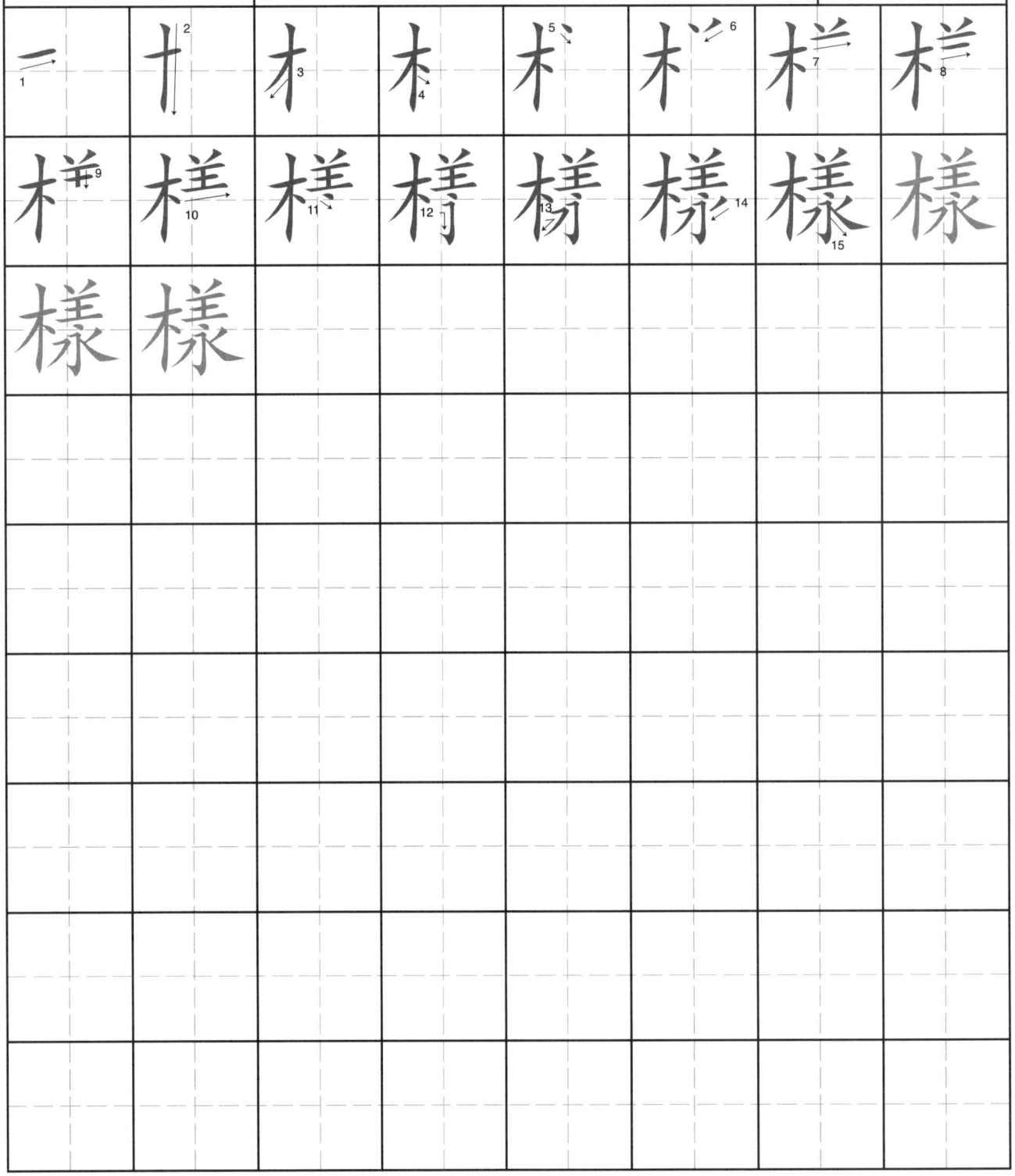

認

rèn 1. admit
2. recognize; identify

common words

認同/認可 **rèn tóng/rèn kě** approve
認錯 **rèn cuò** admit one's mistake
認為 **rèn wéi** of the opinion
認得 **rèn de** recognize; identify
認輸 **rèn shū** admit defeat
公認 **gōng rèn** acknowledge

14 strokes

radical

言

simplified form

认

識

shí 1. know; knowledge 2. recognize

common words

識字 **shí zì** literate
識別 **shí bié** distinguish; discern
認識 **rèn shi** know each other; recognize
知識 **zhī shi** knowledge
常識 **cháng shí** 1. general knowledge 2. common sense

19 strokes

radical

言

simplified form

识

現

xiàn present; now

common words

現在 **xiàn zài** now; at present
現金 **xiàn jīn** cash
現場 **xiàn chǎng** scene (of happenings)
現成 **xiàn chéng** readymade
表現 **biǎo xiàn** performance
出現 **chū xiàn** appear

11 strokes

radical

玉

simplified form

现

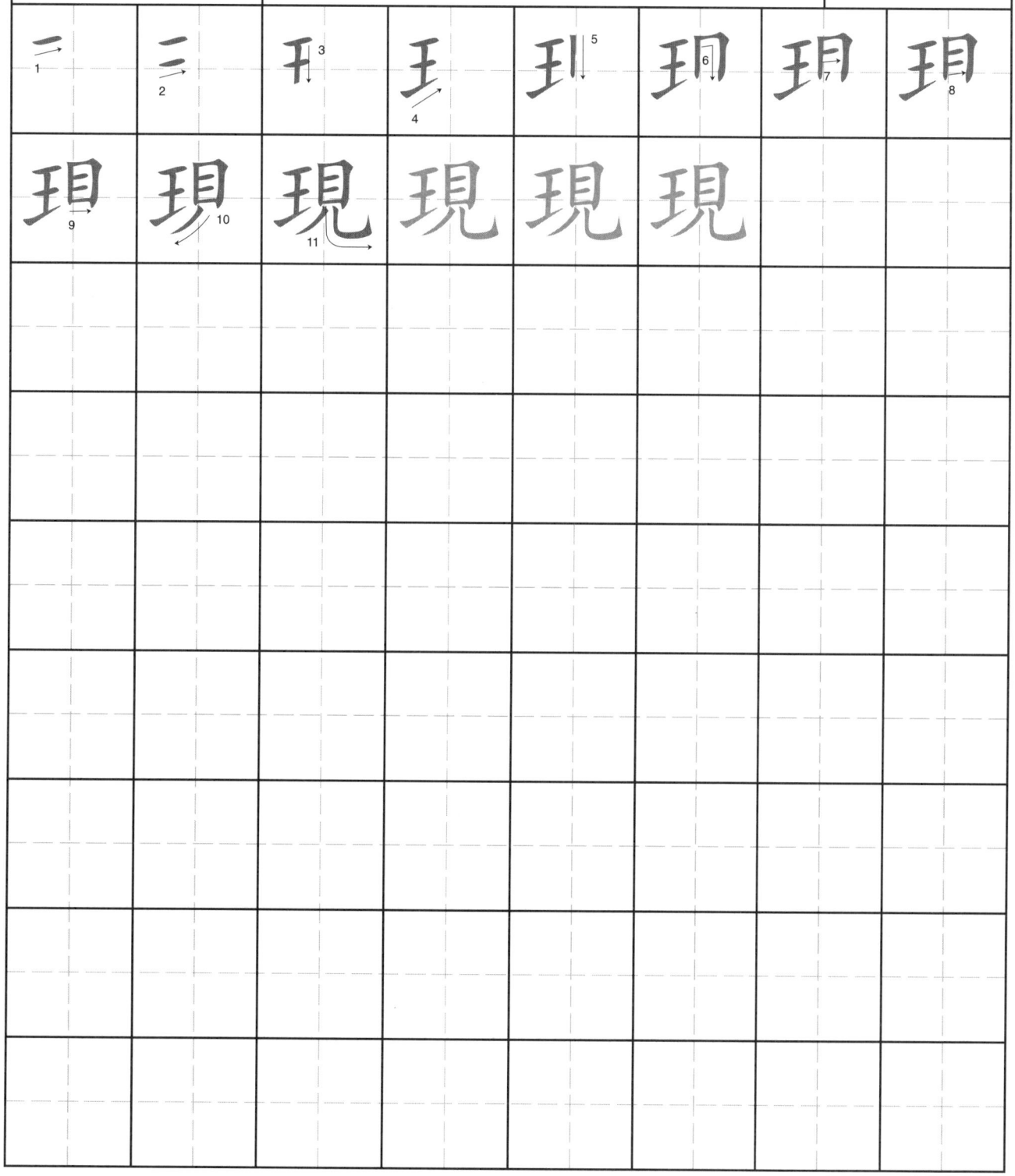

可

kě can; permitted

common words

可以 **kě yǐ** can; permitted
可是 **kě shì** 1. really 2. but
可能 **kě néng** maybe; possible
可口 **kě kǒu** tasty; delicious
可見 **kě jiàn** obviously
可笑 **kě xiào** laughable; funny
還可以 **hái kě yǐ** not bad; all right

5 strokes

radical

口

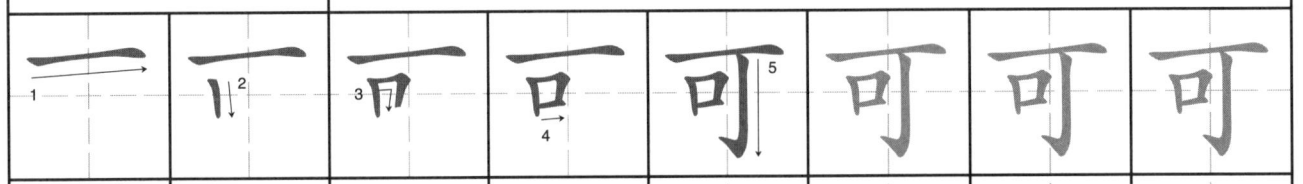

點

diǎn 1. o'clock
2. dot; drop 3. point

common words

點頭 **diǎn tóu** nod
點心 **diǎn xīn** snack
點菜 **diǎn cài** order dishes (from a menu)
一點兒/點兒 **yī diǎnr/diǎnr** a little; a bit
三點/三點鐘 **sān diǎn/sān diǎn zhōng** three o'clock
雨點 **yǔ diǎn** raindrops
要點 **yào diǎn** main point; essential point

17 strokes

radical
黑

simplified form
点

半

bàn 1. half; mid
2. very little/few

common words

半天 **bàn tiān** 1. half day 2. a long time
半價 **bàn jià** half price
半空 **bàn kōng** in the sky; mid air
九點半 **jiǔ diǎn bàn** half past nine
大半/多半 **dà bàn/dūo bàn** majority
另一半 **lìng yī bàn** other half (of a couple)

5 strokes

radical
十

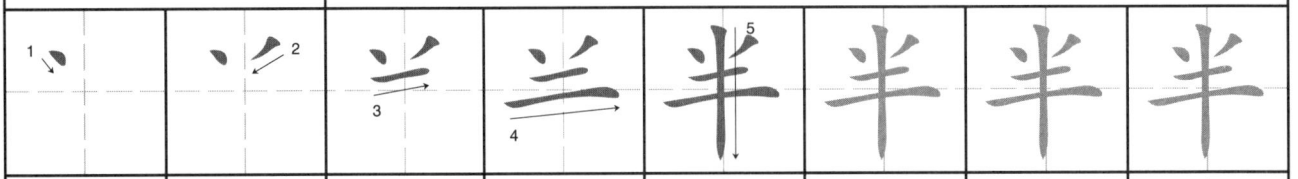

分

fēn/fèn 1. minute 2. divide 3. point/mark

common words

分工 **fēn gōng** share work
分别 **fēn bié** 1. split up (work) 2. distinguish
分量 **fèn liàng** amount
分心 **fēn xīn** distract
分手 **fēn shǒu** 1. say goodbye; part 2. break up (a relationship)
五分 **wǔ fēn** five points/marks
五分/五分鐘 **wǔ fēn/wǔ fēn zhōng** five minutes (time)

4 strokes

radical
刀 (刂)

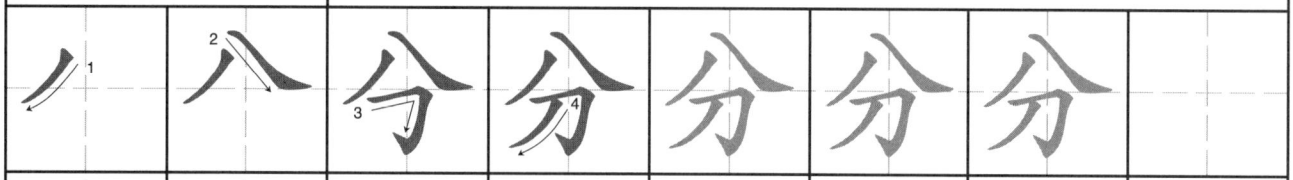

鐘

zhōng 1. bell 2. clock 3. time (measure)

common words

鐘聲 **zhōng shēng** ringing (of bells)
鐘頭 **zhōng tóu** hour (time)
鐘表 **zhōng biǎo** clocks and watches; timepiece
鐘情 **zhōng qíng** deeply in love
分鐘 **fēn zhōng** minute (time)

20 strokes

radical
金

simplified form
钟

因

yīn because (of); cause; reason

common words

因此 **yīn cǐ** so; therefore
因為 **yīn wèi** because (of)
因而 **yīn ér** thus; as a result
原因 **yuán yīn** reason
起因 **qǐ yīn** cause; origin

6 strokes

radical
口

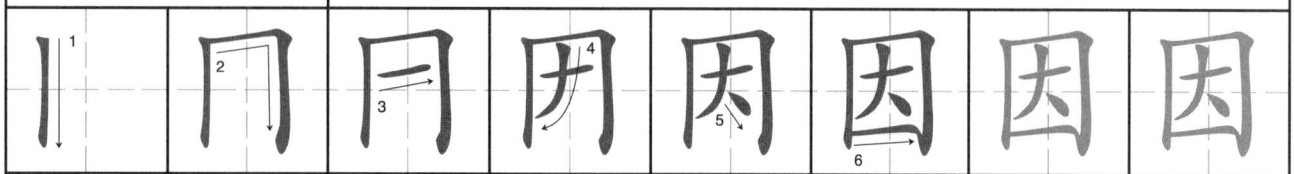

為

wèi/wéi 1. for; on behalf of 2. do; act as

common words

為了 **wèi le** in order to; for
為什麼(?) **wèi shěn me** why(?); reason
為人 **wéi rén** a person's conduct/behavior
為生 **wéi shēng** make a living
為難 **wéi nán** make things difficult (for somebody)
為期 **wéi qī** last for a period
為止 **wéi zhǐ** until ...; up to ...

9 strokes

radical
火 (灬)

simplified form
为

很

hěn very

common words

很高 **hěn gāo** very tall
很矮 **hěn ǎi** very short (height)
很低 **hěn dī** very low
很長 **hěn cháng** very long
很短 **hěn duǎn** very short (length)
很慢 **hěn màn** very slow
很快 **hěn kuài** very fast

9 strokes

radical
彳

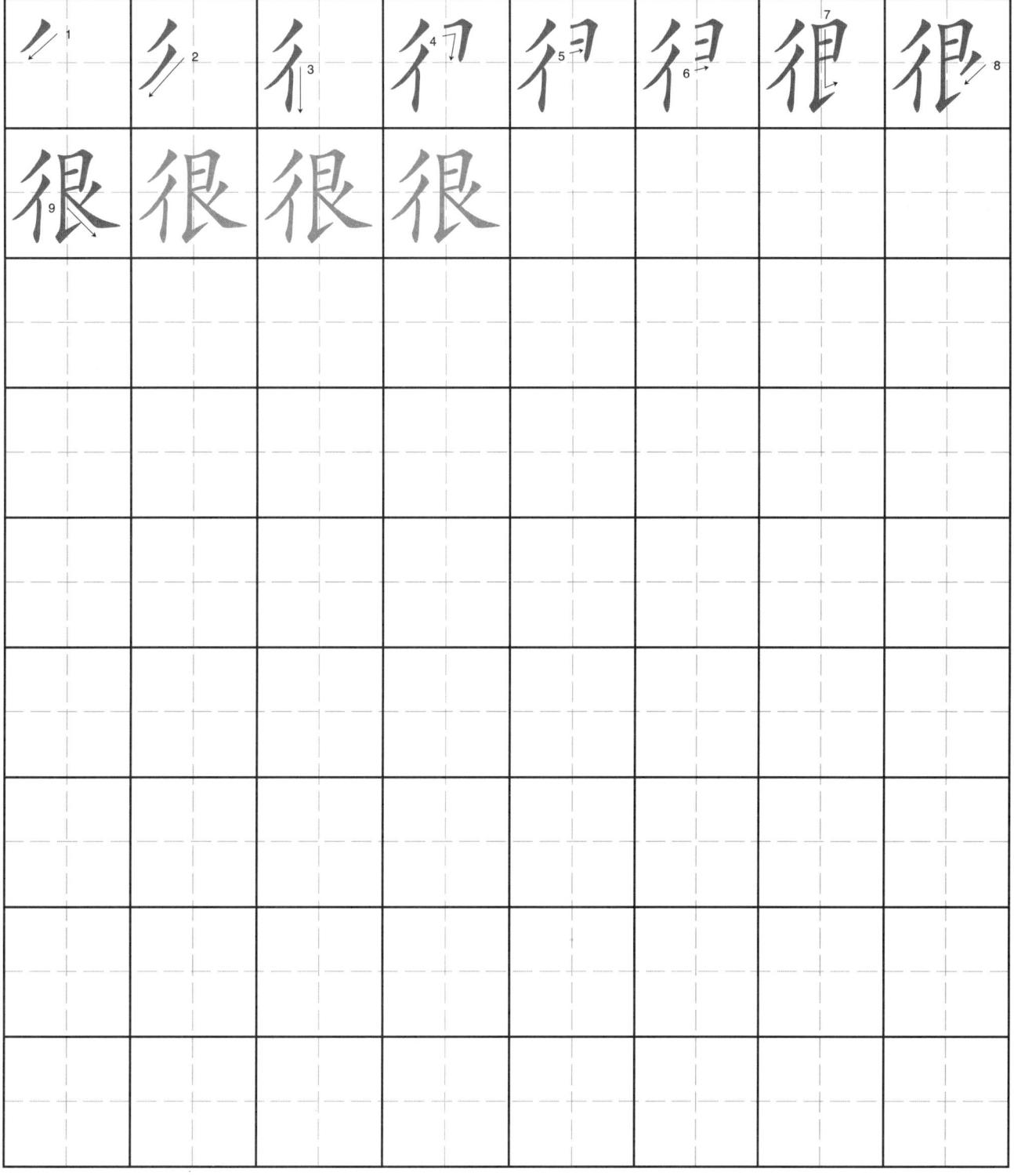

忙

máng busy

common words

忙着 **máng zhe** busy with something
忙碌 **máng lù** busy
忙不忙(?) **máng bu máng** busy(?)
太忙了 **tài máng le** too busy
大忙人 **dà máng rén** a very busy person
幫忙 **bāng máng** (to) help; help
急忙 **jí máng** quickly; hastily

6 strokes

radical
心 (忄)

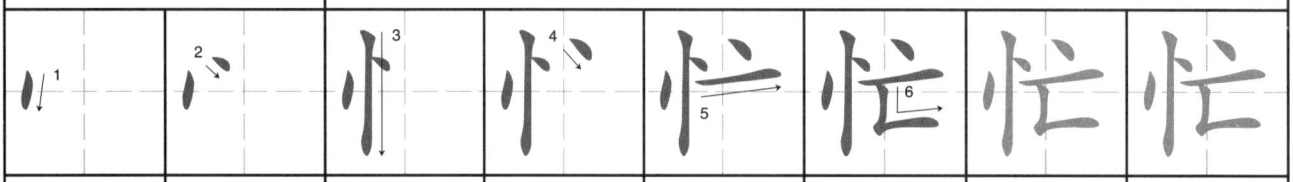

還

hái/huán 1. still; yet
2. return; give back

common words

還有 **hái yǒu** furthermore; moreover
還是 **hái shi** 1. still 2. had better
還好 **hái hǎo** all right; okay
還要 **hái yào** still want
還沒 **hái méi** yet to ...
還書 **huán shū** return book(s)
還價 **huán jià** counter offer (on pricing)

17 strokes

radical
辵 (辶)

simplified form
还

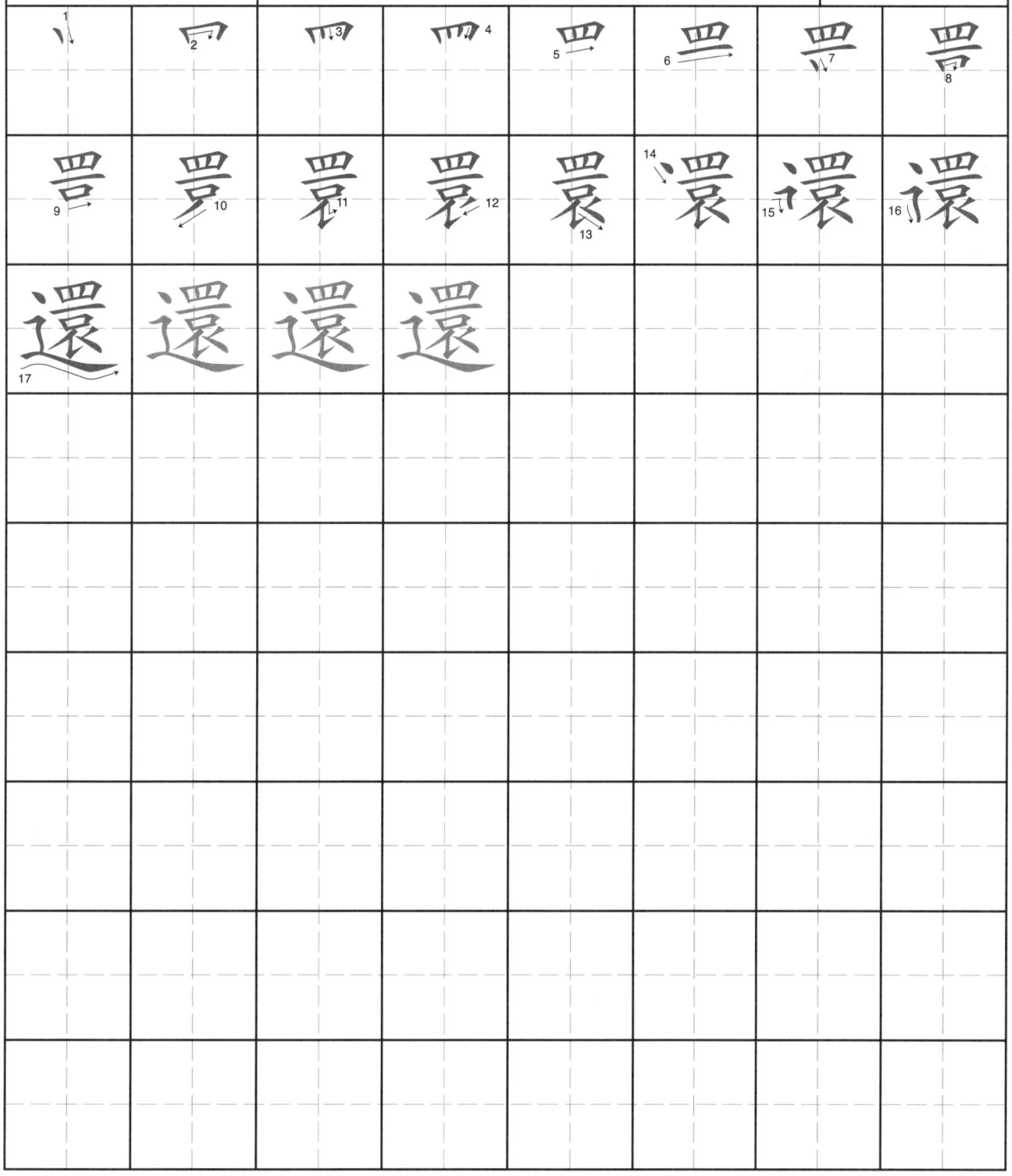

喜

xǐ 1. happy 2. fond of 3. pregnancy

common words

喜歡/喜愛 **xǐ huān/xǐ ài** fond of
喜事 **xǐ shì** happy event
喜酒 **xǐ jiǔ** wedding dinner
恭喜 **gōng xǐ** congratulate
有喜 **yóu xǐ** pregnant
可喜 **kě xǐ** heartening

12 strokes

radical

口

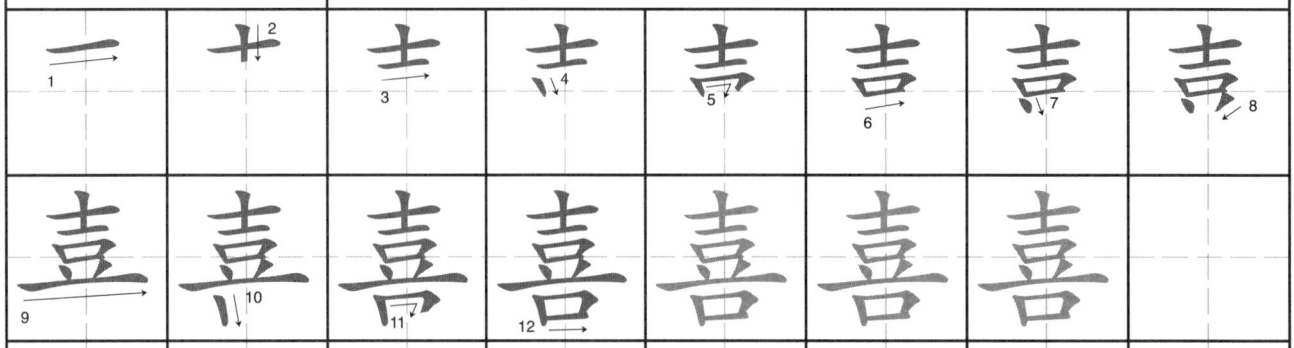

歡

huān 1. happy
2. vigorous

common words

歡樂/歡喜 **huān lè/huān xǐ** happy; joyful
歡迎 **huān yíng** welcome
歡呼 **huān hū** cheer
歡笑 **huān xiào** laugh heartily
歡送 **huān sòng** see ... off
歡心 **huān xīn** favor; fond feeling

22 strokes

radical
欠

simplified form
欢

等

děng 1. wait 2. type 3. grade; rank

common words

等候/等待 **děng hòu/děng dài** wait for
等到 **děng dào** wait until; by the time that ...
等等 **děng děng** ... and so on
等于 **děng yú** equals to
上等 **shàng děng** high class
下等 **xià děng** low grade; inferior
平等 **píng děng** equal

12 strokes

radical
竹 (竺)

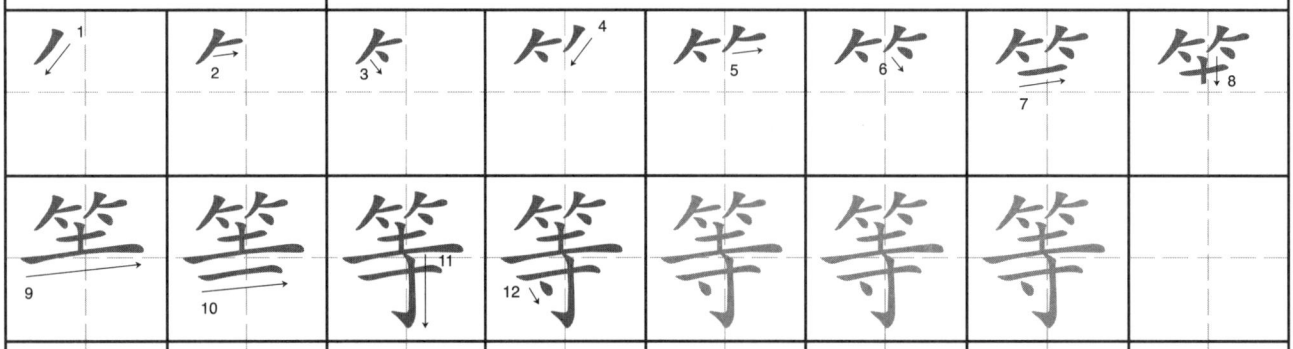

太

tài 1. extremely; too
2. senior

common words

太好了 **tài hǎo le** That's great!
太太 **tài tai** 1. wife 2. Mrs
太子 **tài zi** crown prince
太陽 **tài yáng** sun
太空 **tài kōng** space
太平 **tài píng** peaceful
老太太/老太婆 **lǎo tài tai/lǎo tài pó** old woman

4 strokes

radical
大

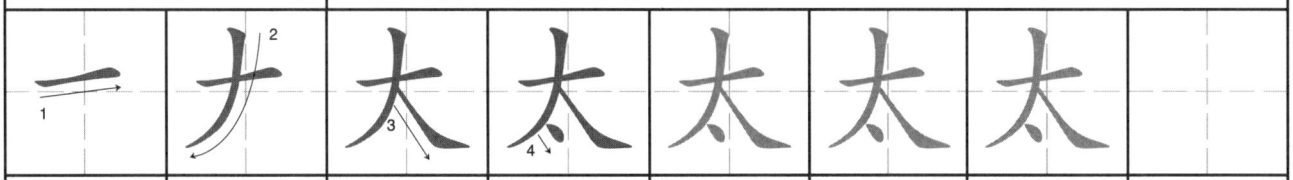

久

jiǔ 1. length of time
2. for a long time

common words

久久 **jiǔ jiǔ** for a very long time
久等 **jiǔ děng** wait for a long time
不久 **bù jiǔ** not a very long time; soon
好久 **hǎo jiǔ** a long time
永久 **yǒng jiǔ** forever; permanent
長久 **cháng jiǔ** for a long time

3 strokes

radical
丿

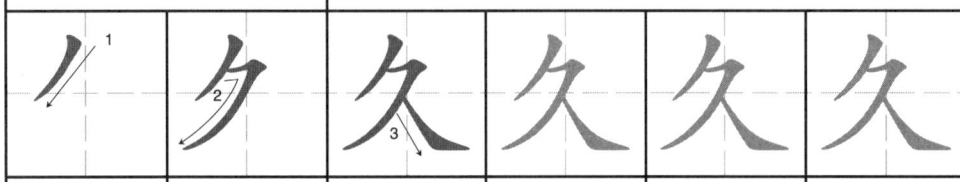

週

zhōu 1. week; weekly
2. around

common words

週日 **zhōu rì** Sunday
週末 **zhōu mò** weekend
週年 **zhōu nián** anniversary
週身 **zhōu shēn** all over the body
週圍/四週 **zhōu wéi/sì zhōu** around
週到 **zhōu dào** thorough

12 strokes

radical
辵 (辶)

simplified form
周

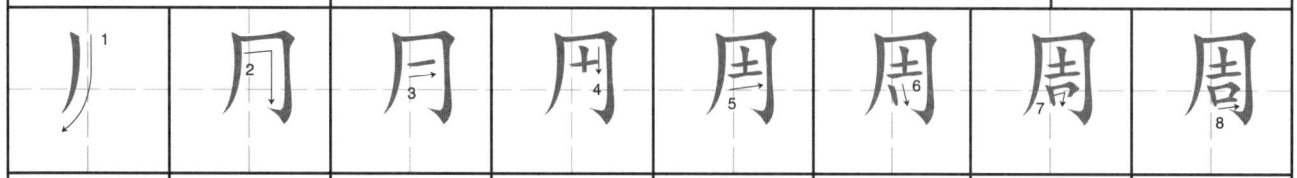

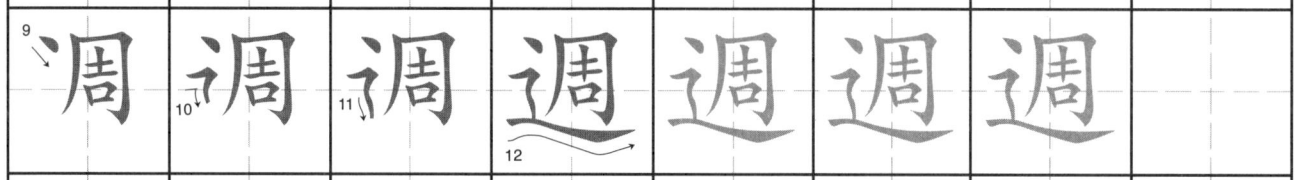

末

mò end; last part

common words

末期 **mò qī** last phase
末日 **mò rì** doomsday
末了 **mò liǎo** last; at the end
末尾 **mò wěi** the end
末班車 **mò bān chē** last train; last bus
週末 **zhōu mò** weekend

5 strokes

radical
木

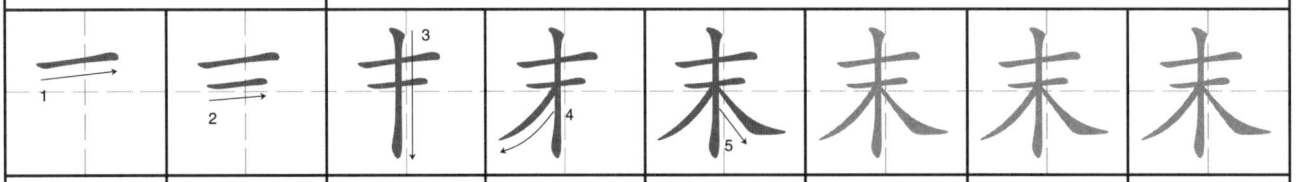

打

dǎ/dá 1. strike 2. send 3. play 4. dozen

common words

打電話 **dǎ diàn huà** make a phone call
打開 **dǎ kāi** open
打架 **dǎ jià** fight
打掃 **dǎ sǎo** clean up
打算 **dǎ suan** intend; plan
打扮 **dǎ bàn** make up; dress up
打油 **dǎ yóu** buy petrol

5 strokes

radical
手（扌）

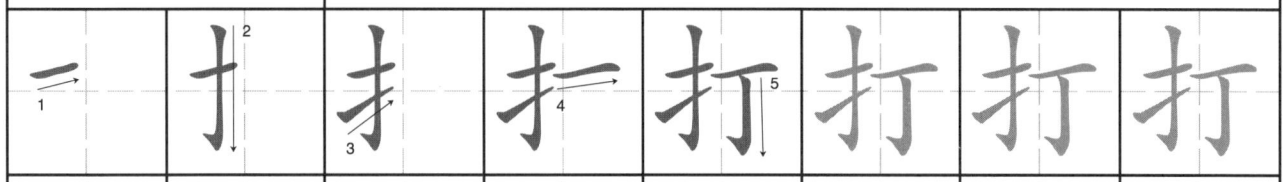

球

qiú 1. ball
2. ball-shaped object

common words

球員 **qiú yuán** player (for a ball game)
球隊 **qiú duì** team (for a ball game)
球場 **qiú chǎng** field; pitch (for a ball game)
球鞋 **qiú xié** sport shoe
打球 **dǎ qiú** play a ball game
藍球 **lán qiú** basketball
足球 **zú qiú** football

11 strokes

radical
玉

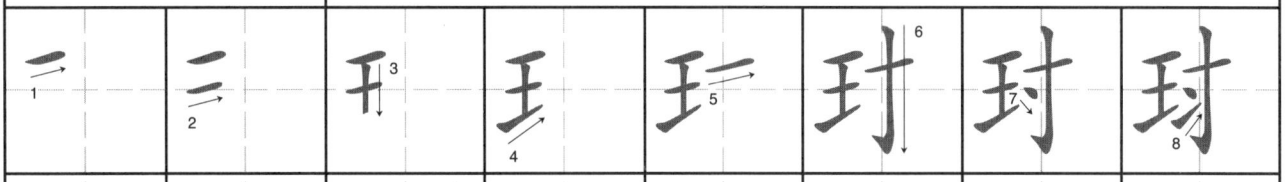

看

kàn/kān 1. see; watch 2. read 3. look after

common words

看看 **kàn kan** have a look
看見 **kàn jiàn** see
看電影 **kàn diàn yǐng** go for a movie
看不起/小看 **kàn bu qǐ/xiǎo kàn** look down on
看病 **kàn bìng** 1. consult a doctor 2. see a patient
看孩子 **kān hái zi** babysit
難看 **nán kàn** ugly; don't look good

9 strokes

radical
目

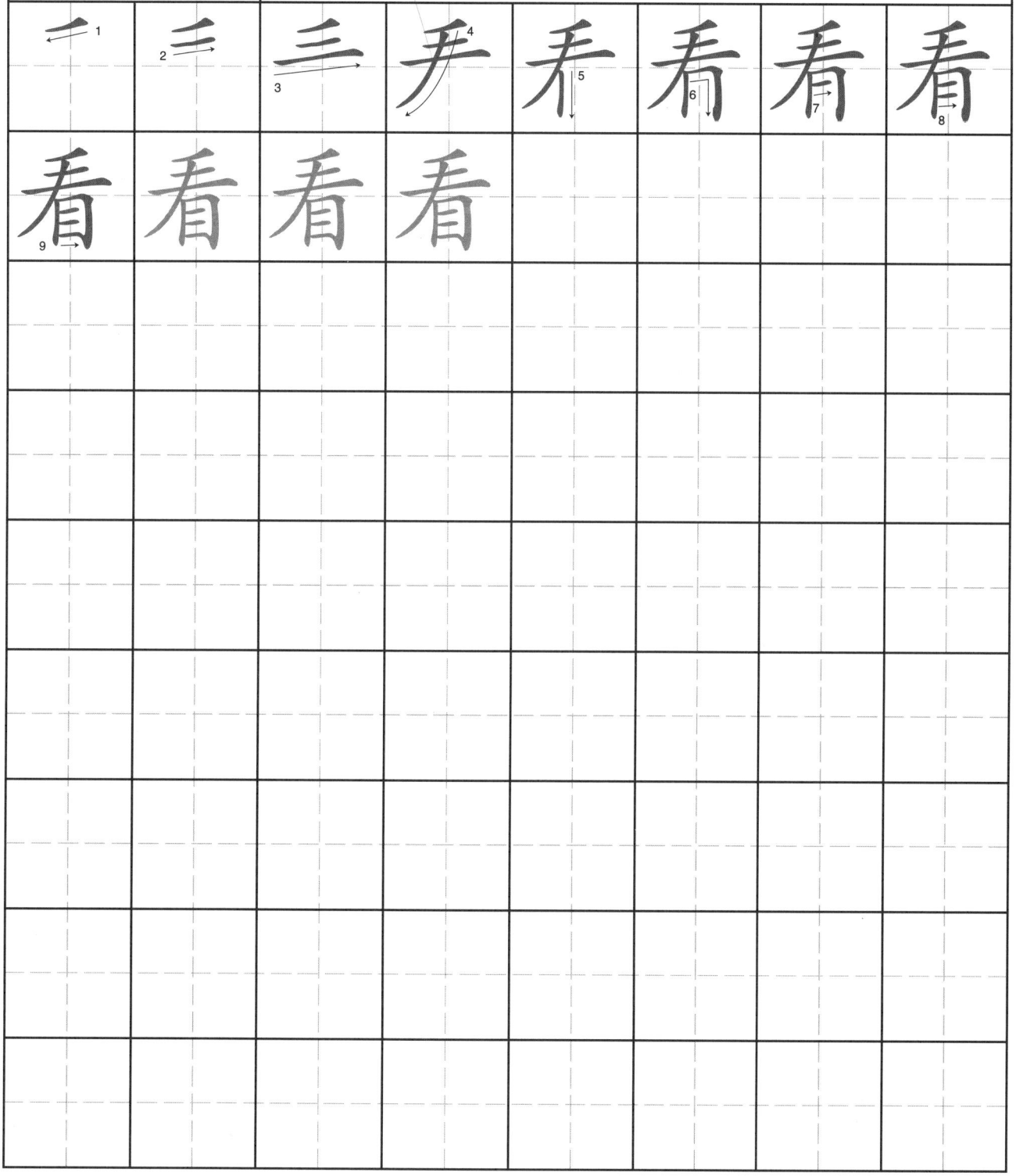

書

shū 1. book; document 2. write

common words

書本 **shū běn** book
書包 **shū bāo** school bag
書店 **shū diàn** bookstore
書房 **shū fáng** study; study room
說明書 **shuō míng shū** instruction manual
圖書館 **tú shū guǎn** library
百科全書 **bǎi kē quán shū** encyclopedia

10 strokes

radical

曰

simplified form

书

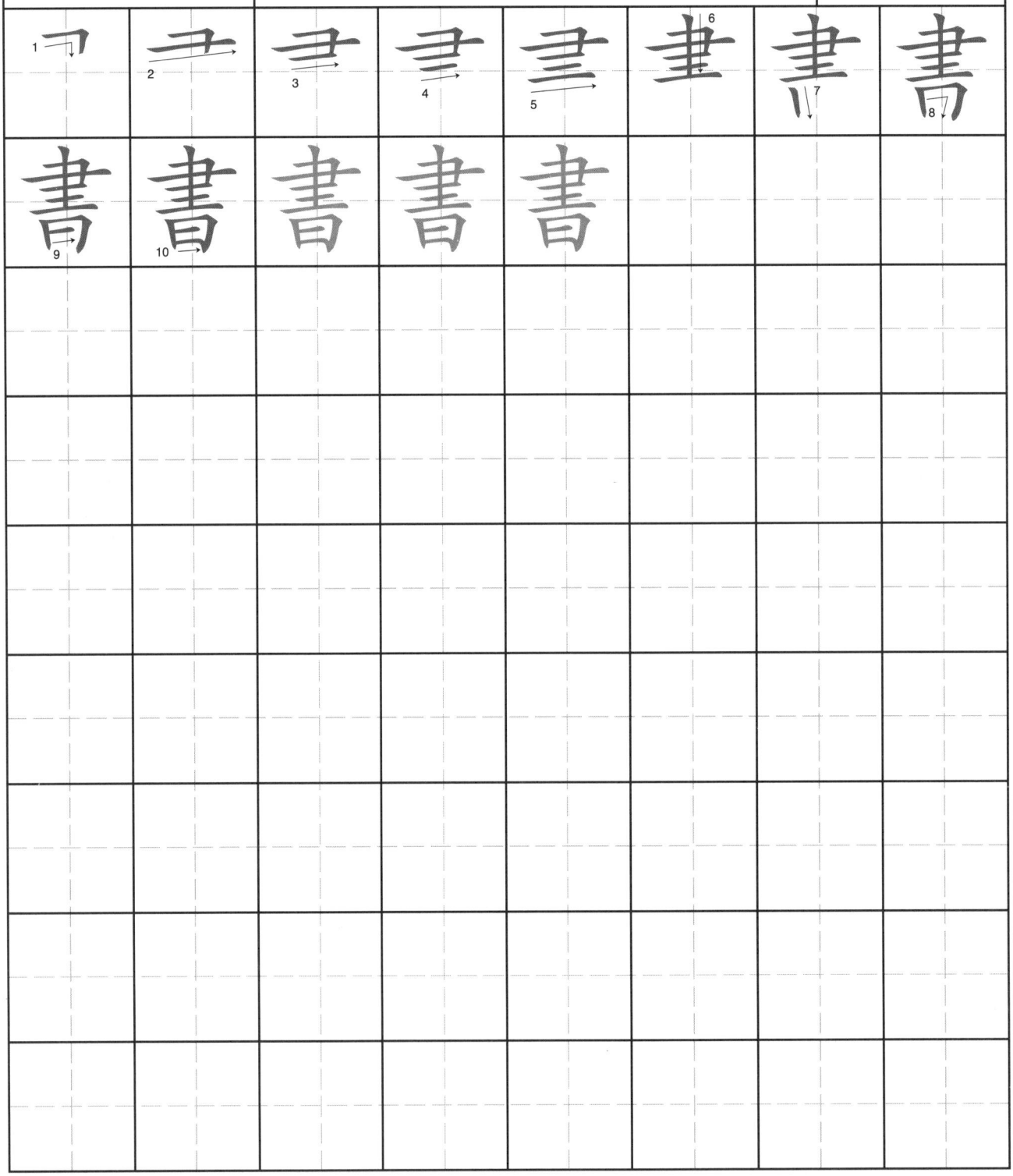

常

cháng 1. often
2. common

common words

常常/時常 **cháng cháng/shí cháng** frequently
常見 **cháng jiàn** commonplace; ordinary
常年 **cháng nián** all year round
常人 **cháng rén** ordinary person; man in the street
平常 **píng cháng** ordinary; usual
正常 **zhèng cháng** normal; regular
日常 **rì cháng** everyday; daily

11 strokes

radical
巾

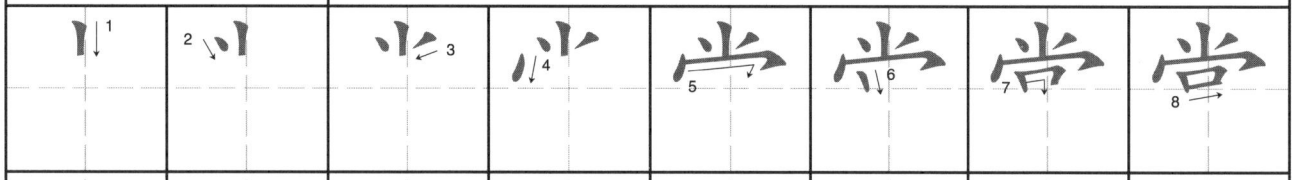

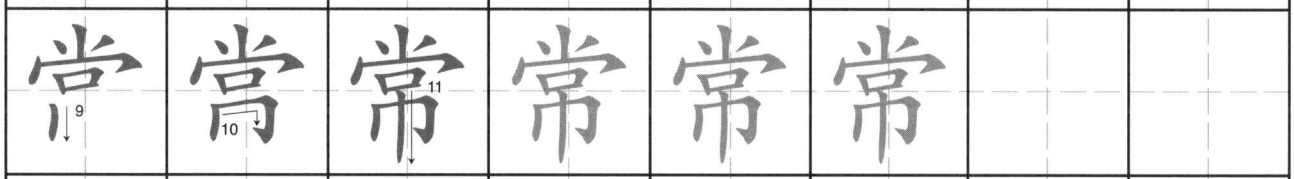

寫

xiě write; compose

common words

寫字 **xiě zì** write characters/words
寫信 **xiě xìn** write a letter
寫作 **xiě zuò** writing; composition
寫生 **xiě shēng** sketch/draw from nature
大寫 **dà xiě** upper case; write in capital letters
小寫 **xiǎo xiě** lower case; write in small letters
填寫 **tián xiě** fill out (a form)

15 strokes

radical
宀

simplified form
写

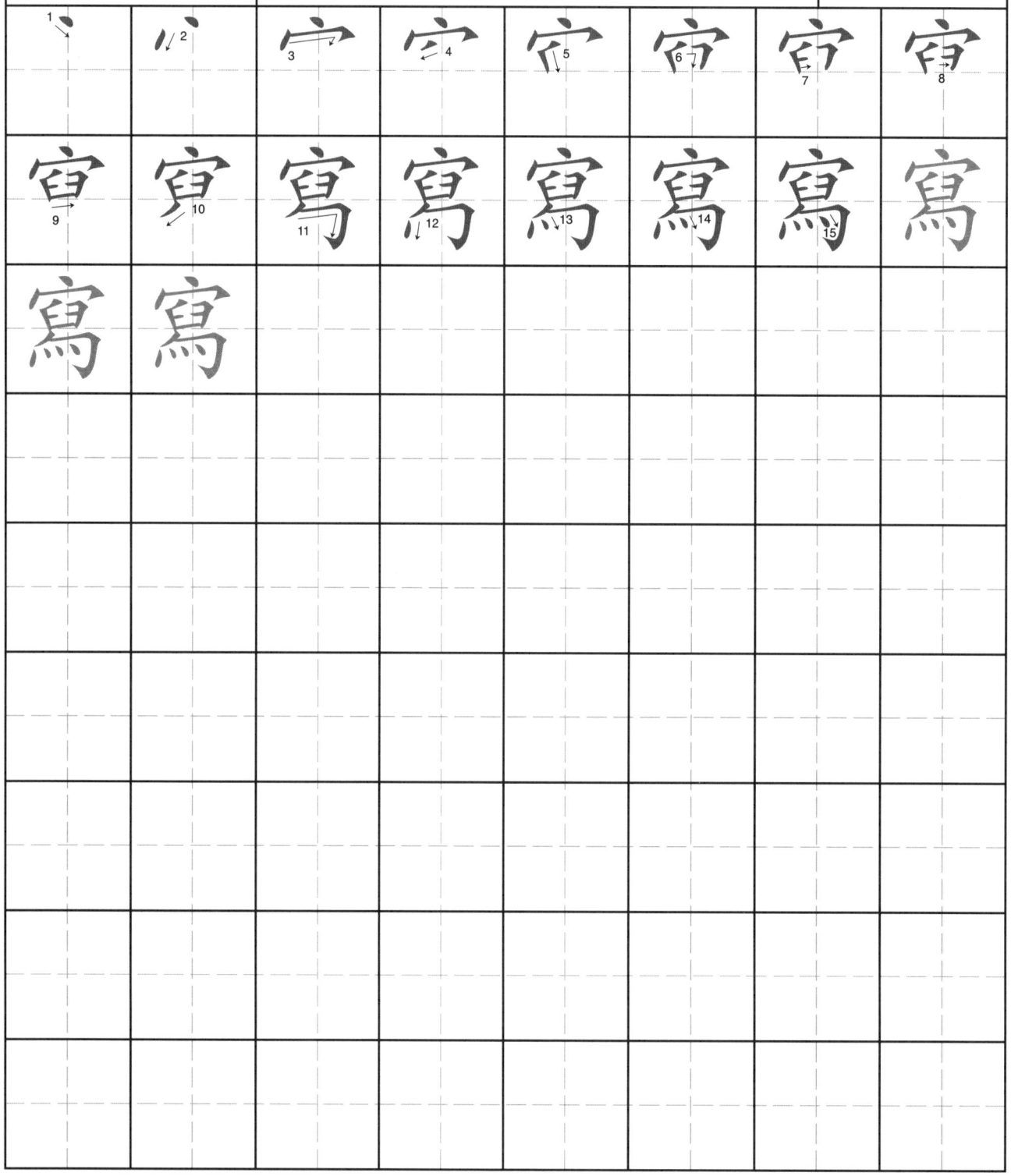

電

diàn 1. electricity
2. electric shock

common words

電影 **diàn yǐng** movie; film
電話 **diàn huà** telephone
電冰箱 **diàn bīng xiāng** refrigerator
電燈 **diàn dēng** eletric light
電池 **diàn chí** battery
閃電 **shǎn diàn** lightning
回電 **huí diàn** return a call (reply)

13 strokes

radical
雨

simplified form
电

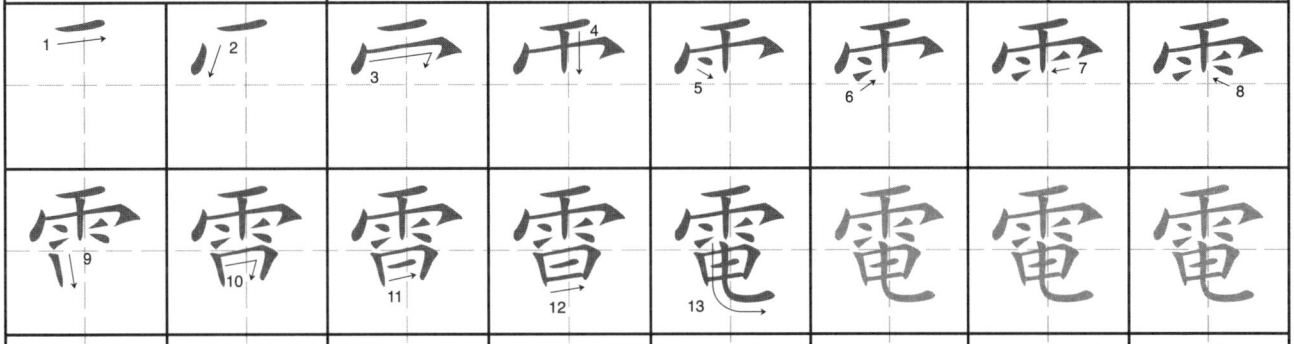

視

shì watch; see

common words

視力 **shì lì** eyesight; vision
視為 **shì wéi** see as
電視 **diàn shì** 1. television program 2. television set
電視機 **diàn shì jī** television set
近視 **jìn shì** myopia; nearsightedness
遠視 **yuǎn shì** hyperopia; farsightedness

11 strokes

radical
示（礻）

simplified form
视

唱

chàng sing

common words

唱歌/歌唱 **chàng gē/gē chàng** sing
唱戲 **chàng xì** sing an opera
唱片 **chàng piàn** record; phonograph
合唱 **hé chàng** sing in chorus
高唱 **gāo chàng** sing loudly
賣唱 **mài chàng** sing for a living; busking

11 strokes

radical

口

歌

gē song

common words

歌星 **gē xīng** star (singer)
歌手 **gē shǒu** singer; vocalist
歌迷 **gē mí** fan of vocalists
國歌 **guó gē** national anthem
兒歌 **ér gē** nursery rhyme
情歌 **qíng gē** love song

14 strokes

radical
欠

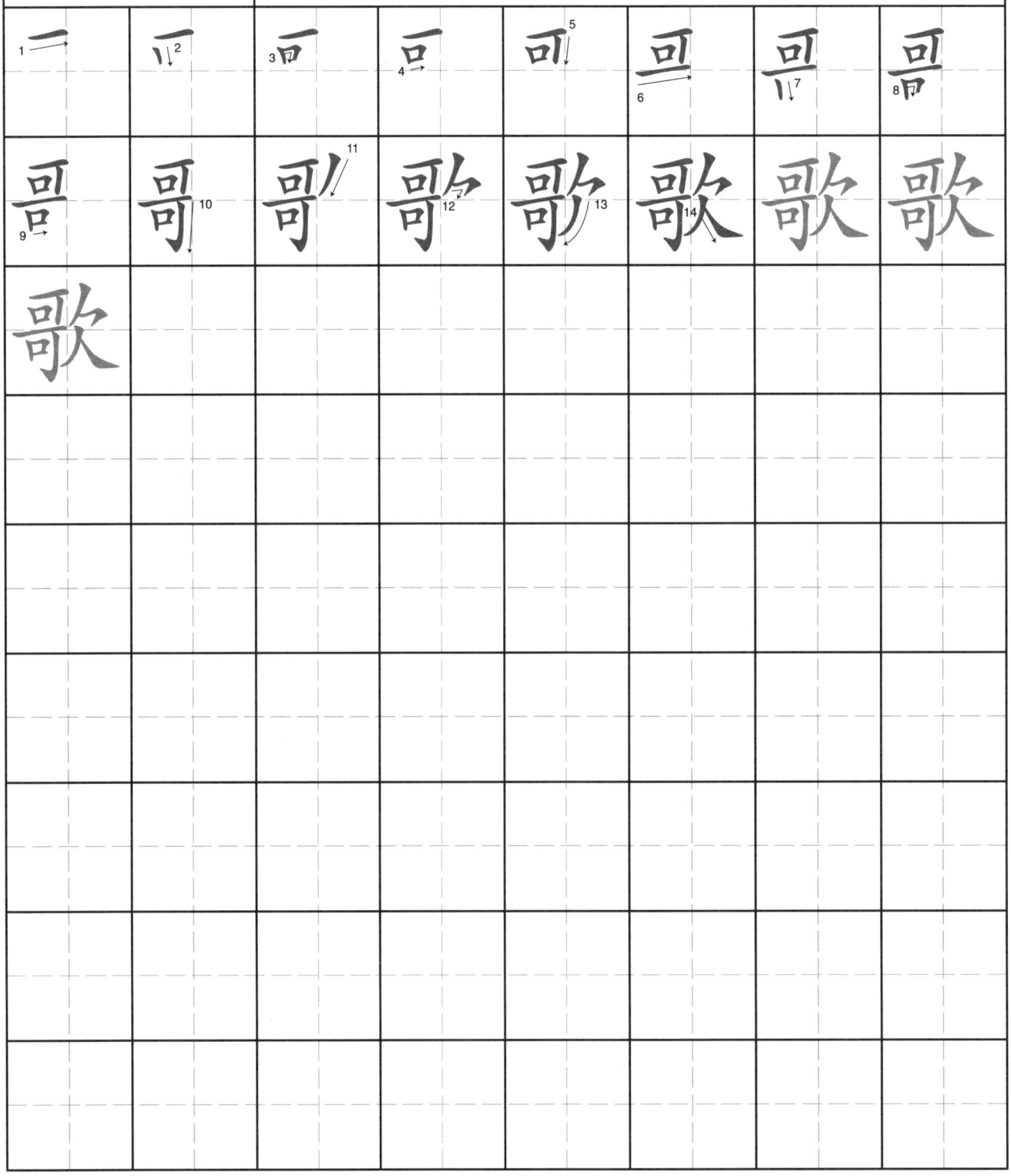

吧

ba/bā modal particle

common words

吧臺 **bā tái** bar top
酒吧 **jiǔ bā** pub
好吧 **hǎo ba** Okay!; Fine!
走吧 **zǒu ba** Let's go!
看書吧 **kàn shū ba** Let's read!
再說吧 **zài shuō ba** Let's talk about it later!

7 strokes

radical
口

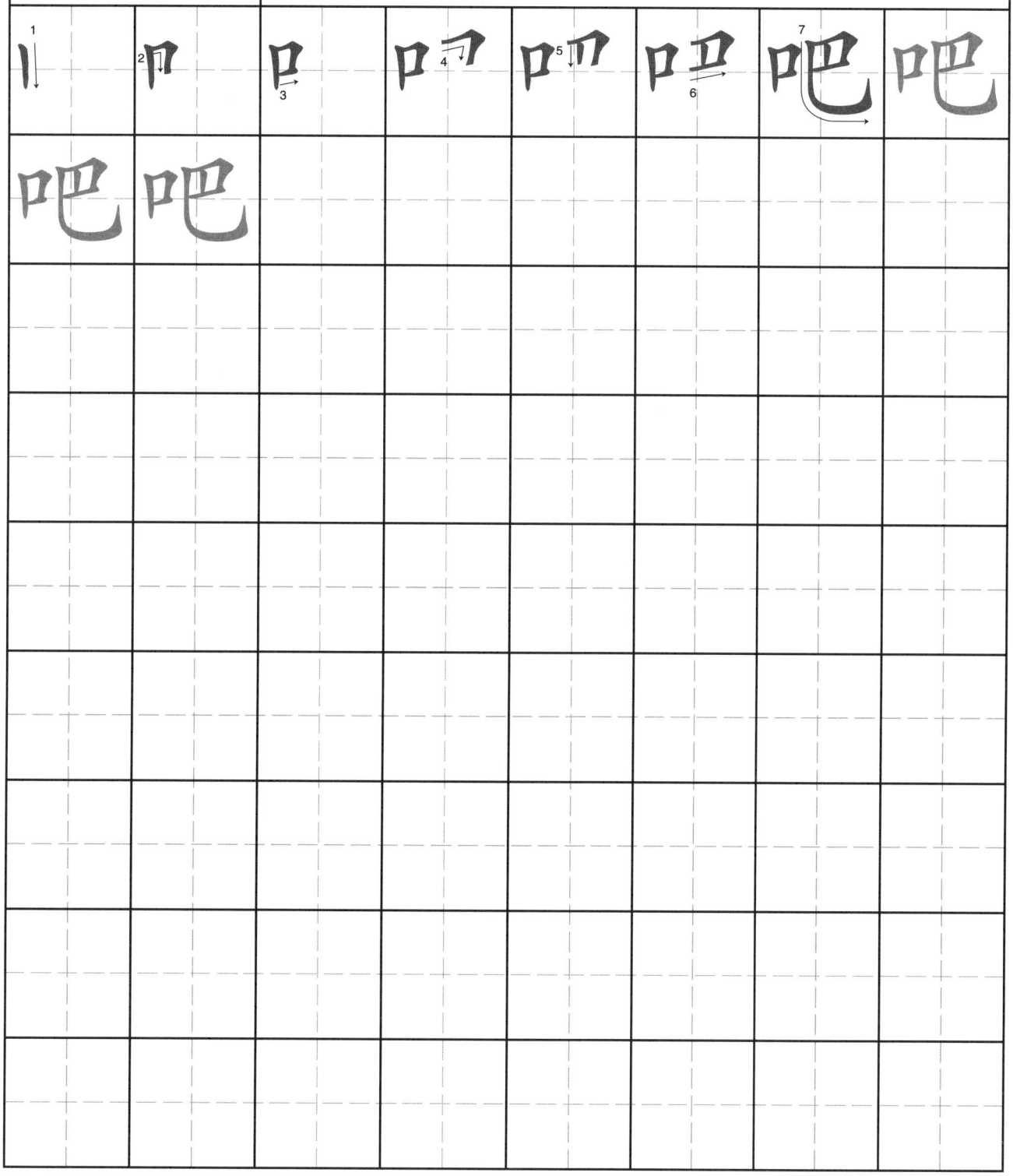

聽

tīng listen; hear

common words

聽見/聽到 **tīng jiàn/tīng dào** heard
聽話 **tīng huà** obedient
聽寫 **tīng xiě** dictate; dictation
聽說 **tīng shuō** it is said
聽眾 **tīng zhòng** audience; listeners
打聽 **dǎ tīng** ask; inquire

22 strokes

radical
耳

simplified form
听

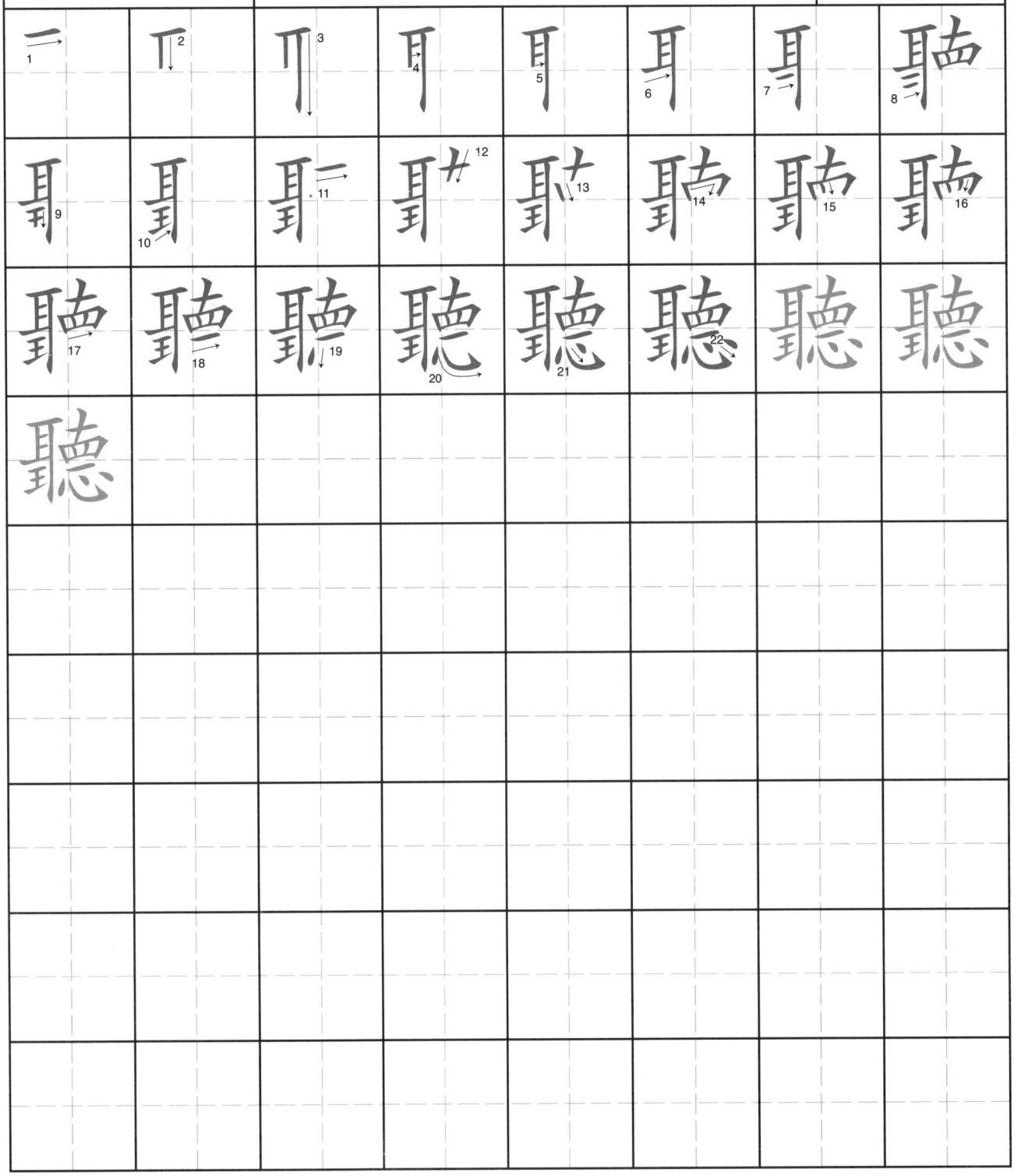

音

yīn sound; tone

common words

音樂 **yīn yuè** music
音樂會 **yīn yuè huì** concert
音樂家 **yīn yuè jiā** musician
聲音 **shēng yīn** sound; voice
發音／讀音 **fā yīn/dú yīn** pronunciation
口音 **kǒu yīn** accent

9 strokes

radical
音

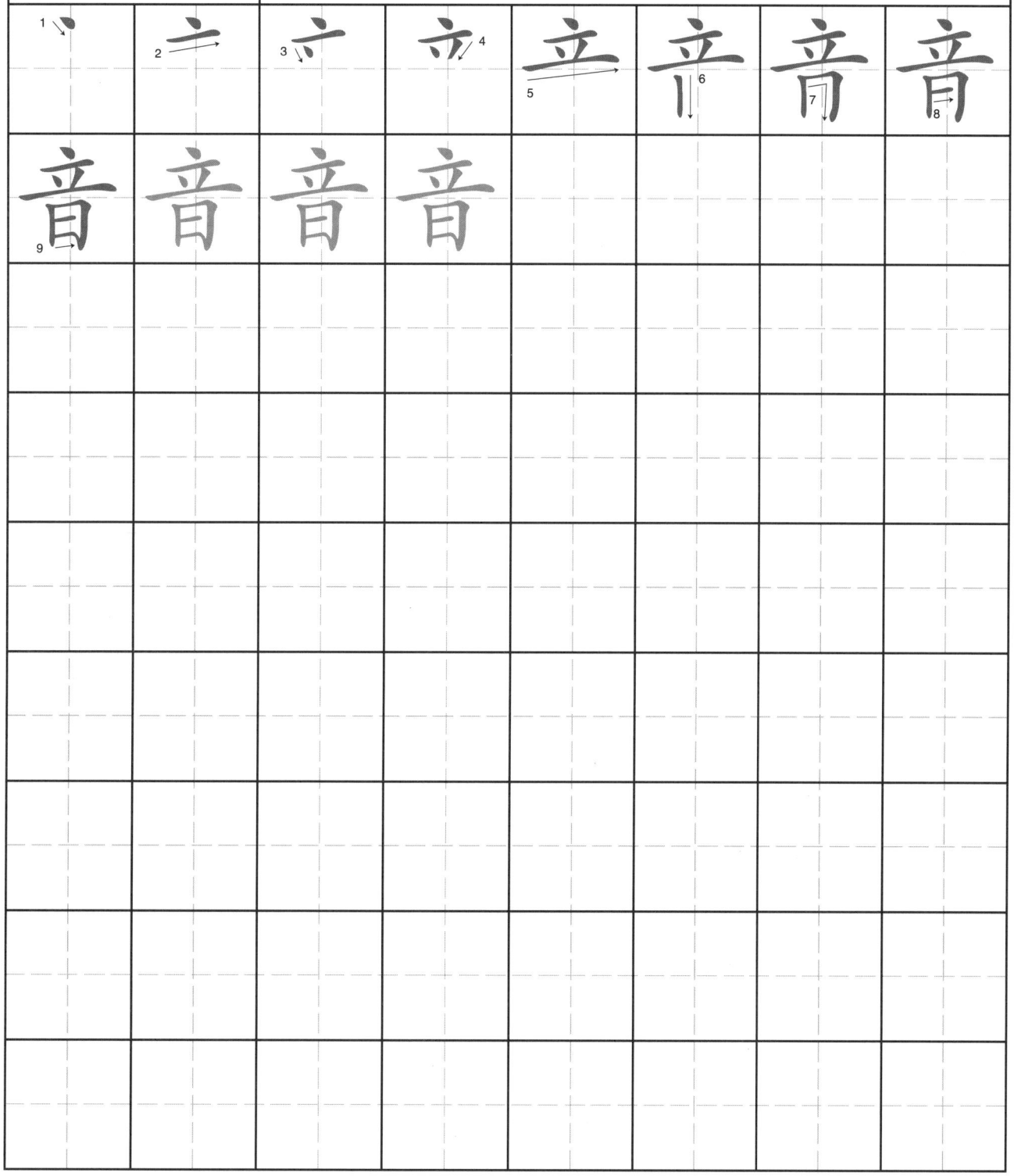

樂

yuè/lè 1. music
2. happy

common words

樂隊 **yuè duì** band; orchestra
樂器 **yuè qì** musical instrument
樂意 **lè yì** wiling to; ready to
樂園 **lè yuán** paradise
快樂 **kuài lè** happy
歡樂 **huān lè** happy; joyful

15 strokes

radical
木

simplified form
乐

會

huì 1. can; able to
2. meet; meeting

common words

會不會(?) **huì bu huì** know how to(?); able to(?)
會話 **huì huà** conversation; dialog
會合 **huì hé** assemble; meet
開會 **kāi huì** hold a meeting
約會 **yuē huì** date; appointment
機會 **jī huì** opportunity

13 strokes

radical
曰

simplified form
会

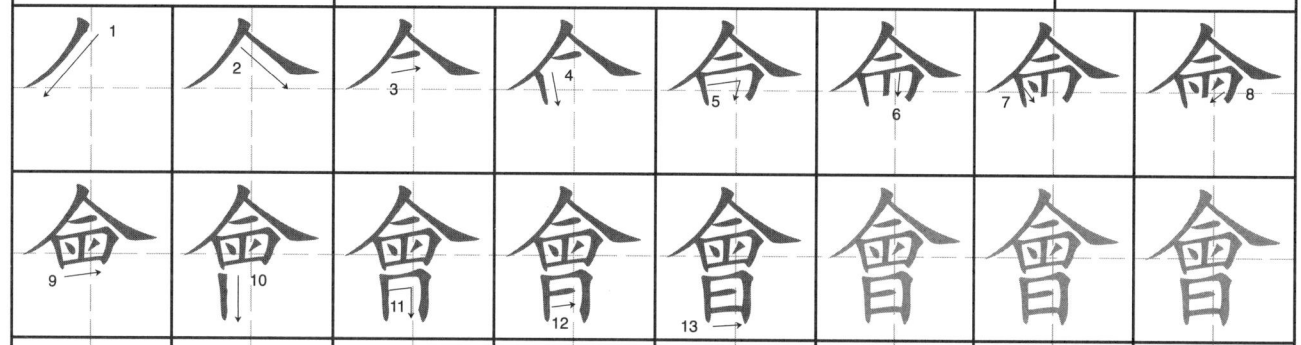

跳

tiào 1. jump; bounce
2. beat

common words

跳高 **tiào gāo** high jump
跳遠 **tiào yuǎn** broad jump
跳水 **tiào shuǐ** dive
跳傘 **tiào sǎn** 1. skydive 2. parachute
跳班 **tiào bān** skip a grade/level
心跳 **xīn tiào** heart palpitation; heartbeat

13 strokes

radical
足 (⻊)

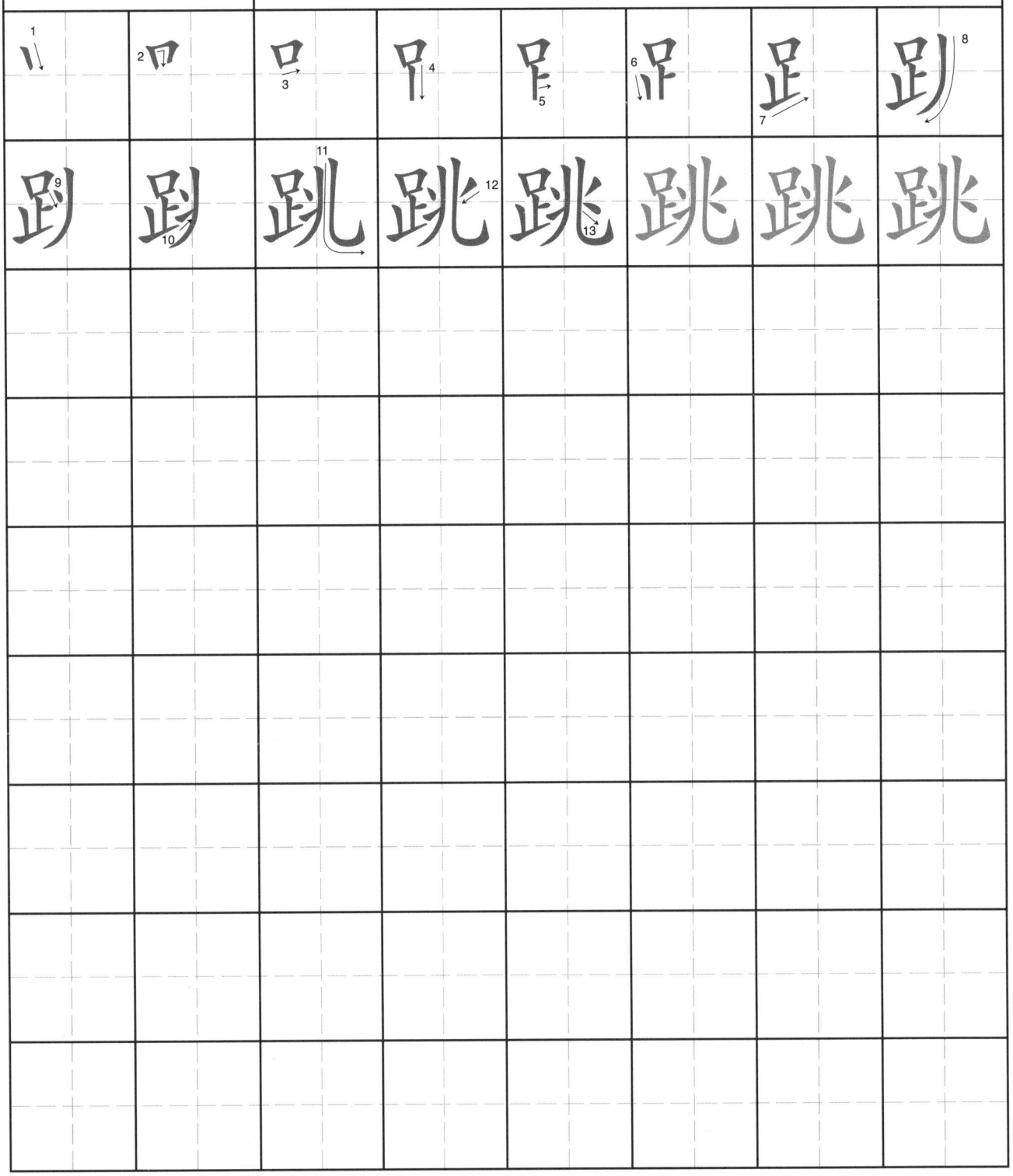

舞

wǔ dance

common words

舞伴 **wǔ bàn** dancing partner
舞會 **wǔ huì** ball (dance)
舞臺 **wǔ tái** stage
跳舞 **tiào wǔ** (to) dance
歌舞 **gē wǔ** song and dance
芭蕾舞 **bā lěi wǔ** ballet

14 strokes

radical
舛

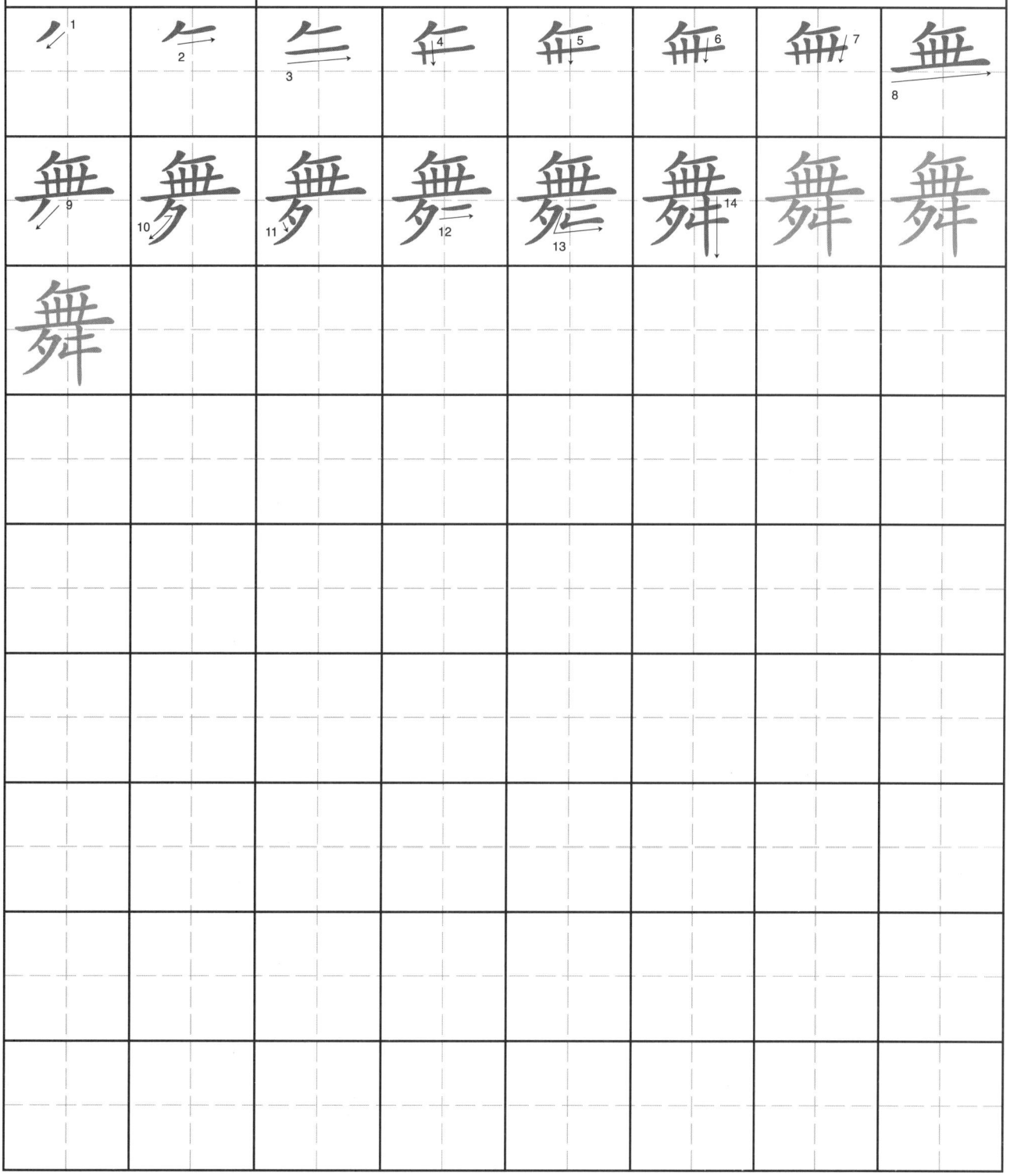

對

duì 1. correct 2. treat 3. compare; check

common words

對不起 **duì bu qǐ** 1. sorry 2. excuse me
對手 **duì shǒu** opponent
對方 **duì fāng** other side; other party
對白 **duì bái** dialog (in a play/film)
不對 **bù duì** 1. wrong 2. odd
反對 **fǎn duì** diagree; against
作對 **zuò duì** oppose

14 strokes

radical
寸

simplified form
对

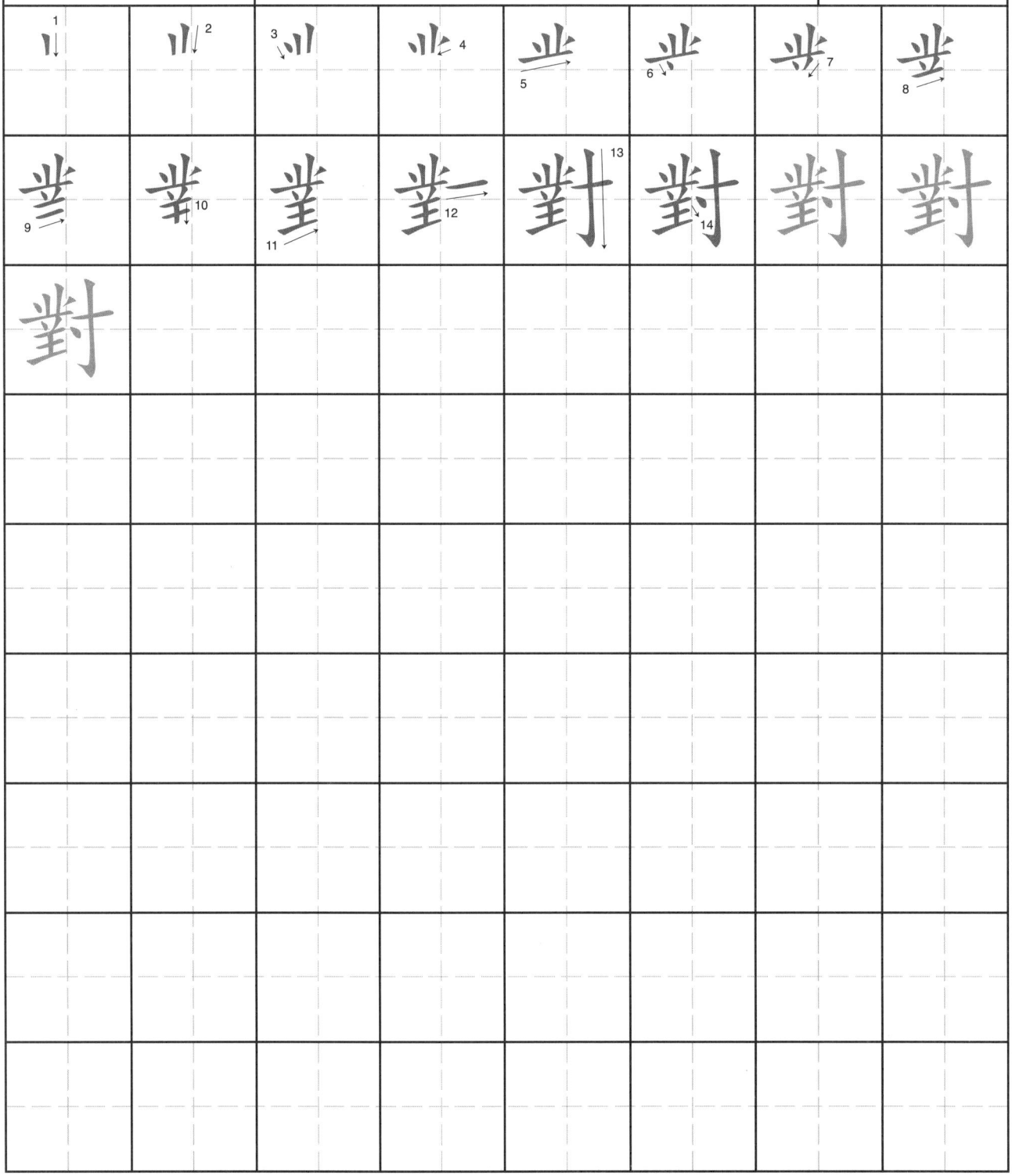

錯

cuò mistaken; wrong

common words

錯字 **cuò zì** incorrectly written characters/words
錯過 **cuò guò** miss (a chance)
不錯 **bù cuò** not bad; pretty good
沒錯 **méi cuò** not wrong; correct
做錯 **zuò cuò** do wrongly
寫錯 **xiě cuò** write wrongly
弄錯/搞錯 **nòng cuò/gǎo cuò** misunderstand

16 strokes

radical
金

simplified form
错

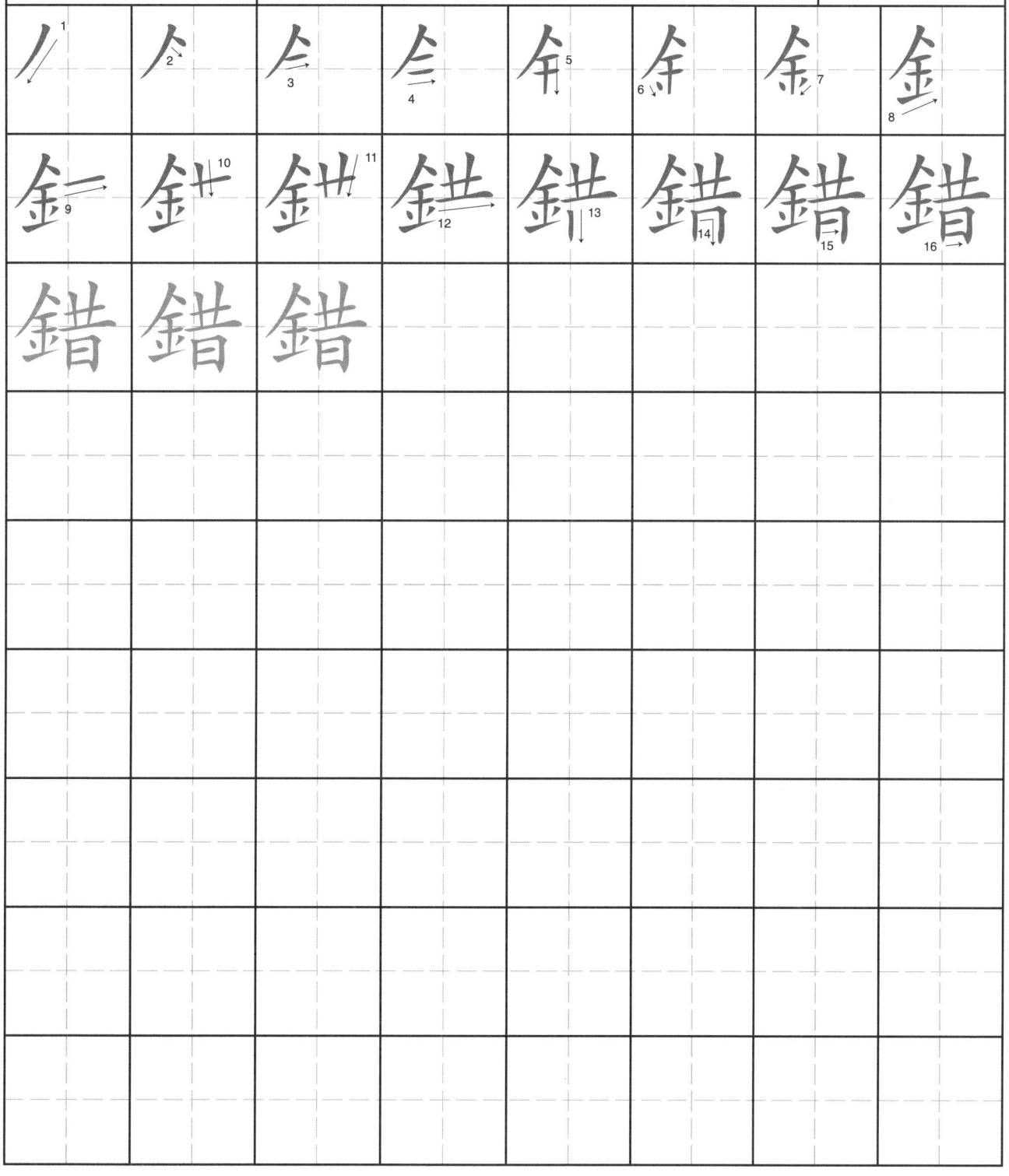

才

cái 1. only 2. talented 3. substance

common words

才四歲 **cái sì suì** only four years old
才能 **cái néng** talent; ability
剛才/方才 **gāng cái/fāng cái** just now
口才 **kǒu cái** eloquence
人才 **rén cái** talented person
天才 **tiān cái** genius

3 strokes

radical
手（扌）

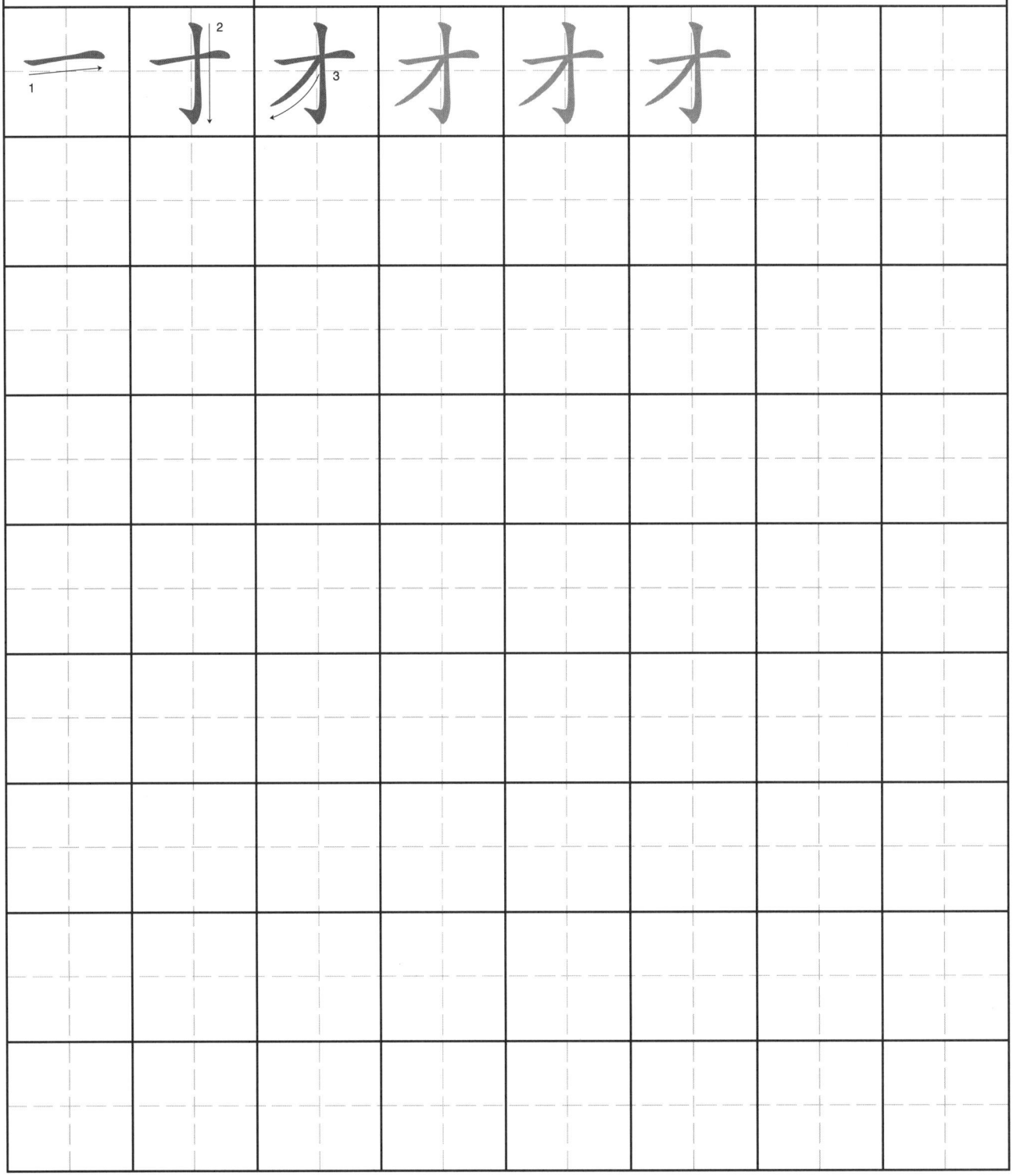

回

huí 1. return 2. turn around

common words

回家 **huí jiā** return home
回來 **huí lái** come back
回答 **huí dá** answer
回想 **huí xiǎng** recollect
下回 **xià huí** next time
拿回 **ná huí** take back; recover

6 strokes

radical
口

去

qù 1. go to 2. remove; get rid of

common words

去年 **qù nián** last year
去世 **qù shì** pass away; dead
去過 **qù guò** been to (a place)
回去 **huí qù** return; go back
出去 **chū qù** go out
過去 **guò qù** in the past
失去 **shī qù** lose

5 strokes

radical
厶

所

suǒ 1. place (location)
2. measure word

common words

所有 **suǒ yǒu** 1. all 2. (one) owns/possesses
所在 **suǒ zài** located; location
廁所 **cè suǒ** toilet; bathroom
住所 **zhù suǒ** residence
診所 **zhěn suǒ** clinic
兩所醫院 **liǎng suǒ yī yuàn** two hospitals

8 strokes

radical
户

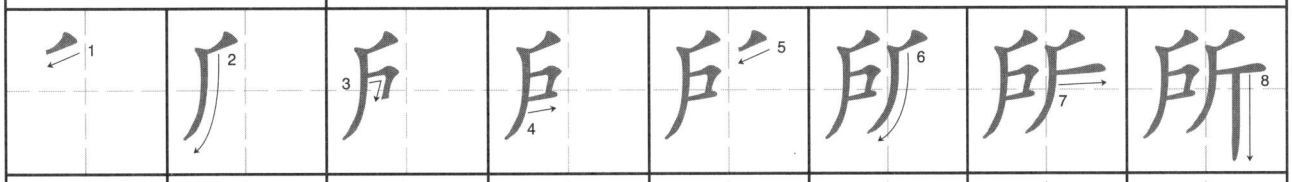

所 所 所

以

yǐ 1. use; by means of
2. according to; because

common words

以為 **yǐ wéi** think; believe
以後 **yǐ hòu** afterward; after
以前 **yǐ qián** before; previously
以及 **yǐ jí** and; as well as
以上 **yǐ shàng** above; onward
以外 **yǐ wài** excluding; beyond
所以 **suǒ yǐ** therefore

5 strokes

radical
人

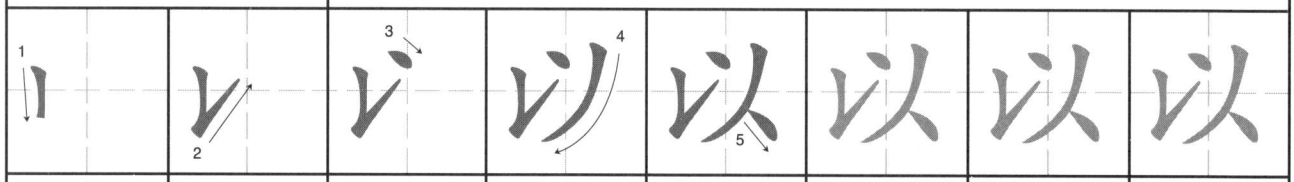

裡

lǐ in; inside; within

common words

裡面/裡邊/裡頭 **lǐ miàn/lǐ bian/lǐ tou** in; inside
家裡 **jiā lǐ** in (one's) home/family
房裡 **fáng lǐ** in the room
屋裡 **wū lǐ** in the house
心裡 **xīn lǐ** in the heart; mental state
鄰裡 **lín lǐ** neighborhood

12 strokes

radical

衣（衤）

simplified form

里

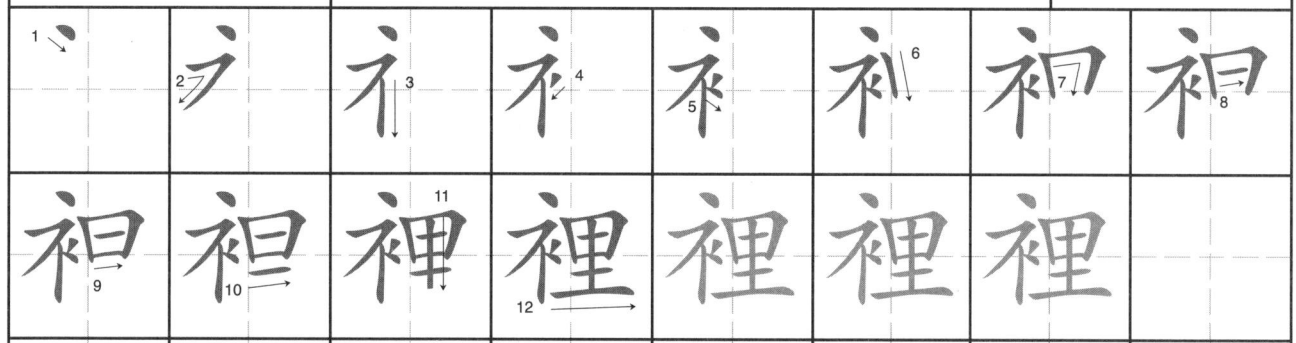

外

wài 1. relatives of one's mother 2. outside

common words

外孫 **wài sūn** daughter's son
外婆 **wài pó** grandmother (maternal)
外人 **wài rén** outsider
外賣 **wài mài** take away (service)
門外 **mén wài** outside the gate/door
課外 **kè wài** extracurricular

5 strokes

radical
夕

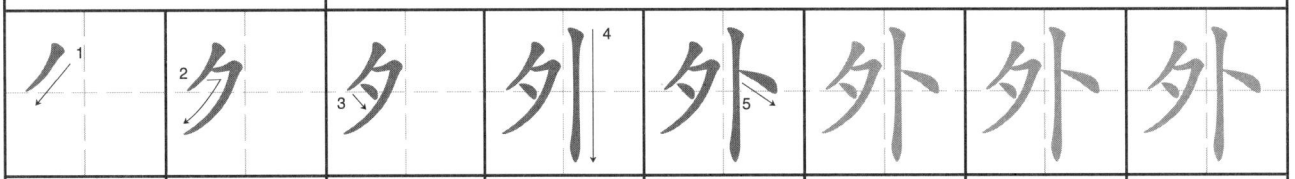

祇

zhǐ only

common words

祇好/祇得 **zhǐ hǒu/zhǐ dé** have to; must
祇是 **zhǐ shì** only
祇不過 **zhǐ bu guò** 1. only 2. but
祇要 **zhǐ yào** so long as; provided that
祇有 **zhǐ yǒu** only
不祇 **bù zhǐ** not only; not just

9 strokes

radical

衣（衤）

simplified form

只

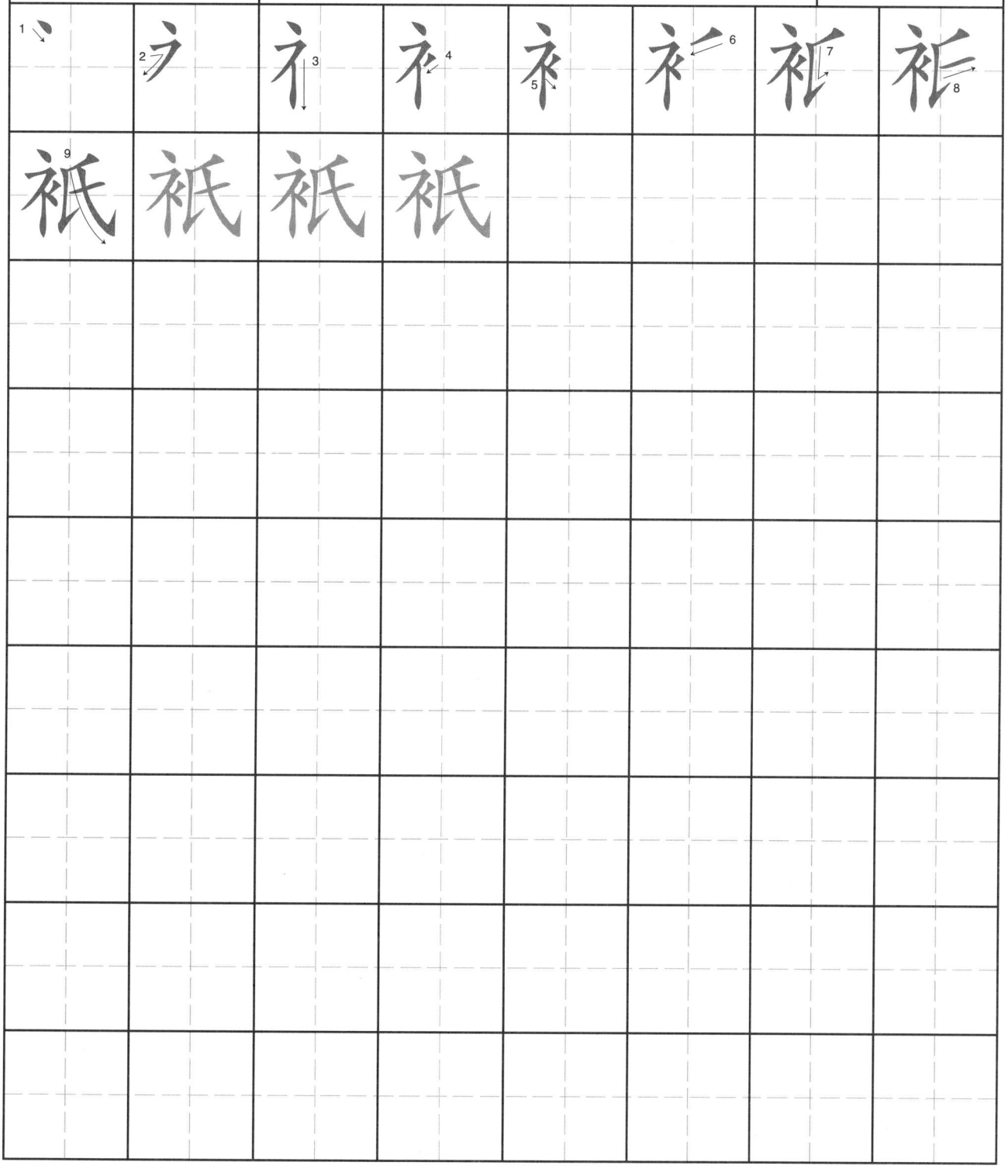

想

xiǎng 1. think
2. reckon 3. want to

common words

想想看 **xiǎng xiǎng kàn** think about it
想起 **xiǎng qǐ** remember; recall
想要 **xiǎng yào** want to; wish for; feel like
想出/想到 **xiǎng chū/xiǎng dào** figure out; think of
想不到 **xiǎng bu dào** unexpected
猜想 **cāi xiǎng** guess; suppose

13 strokes

radical
心

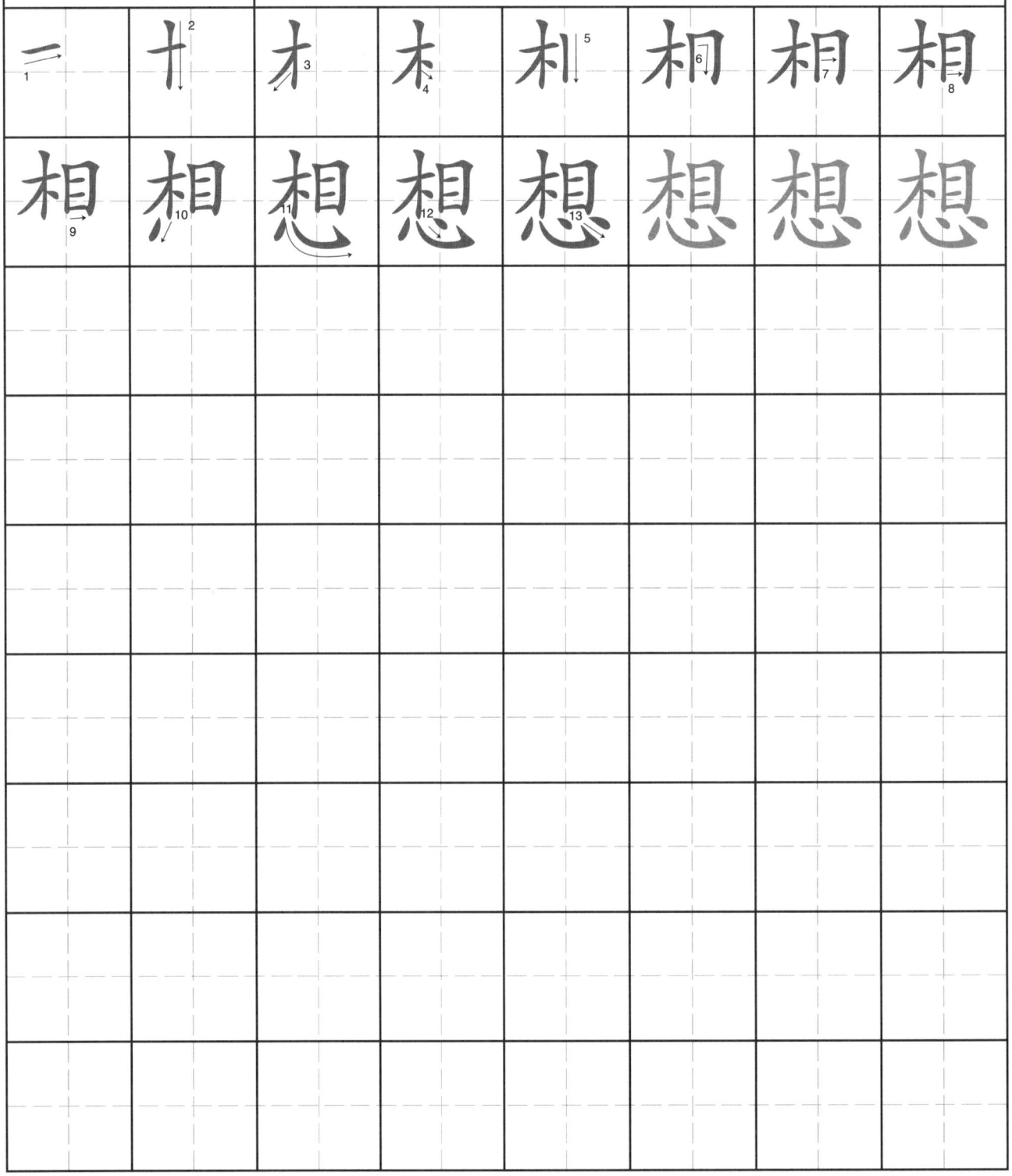

玩

wán play

common words

玩耍/遊玩 **wán shuǎ/yóu wán** play
玩具 **wán jù** toy
玩弄 **wán nòng** 1. toy with 2. trick; flirt
開玩笑 **kāi wán xiào** (to) joke
好玩 **hào wán** love to play
好玩 **hǎo wán** fun; entertaining

8 strokes

radical

玉

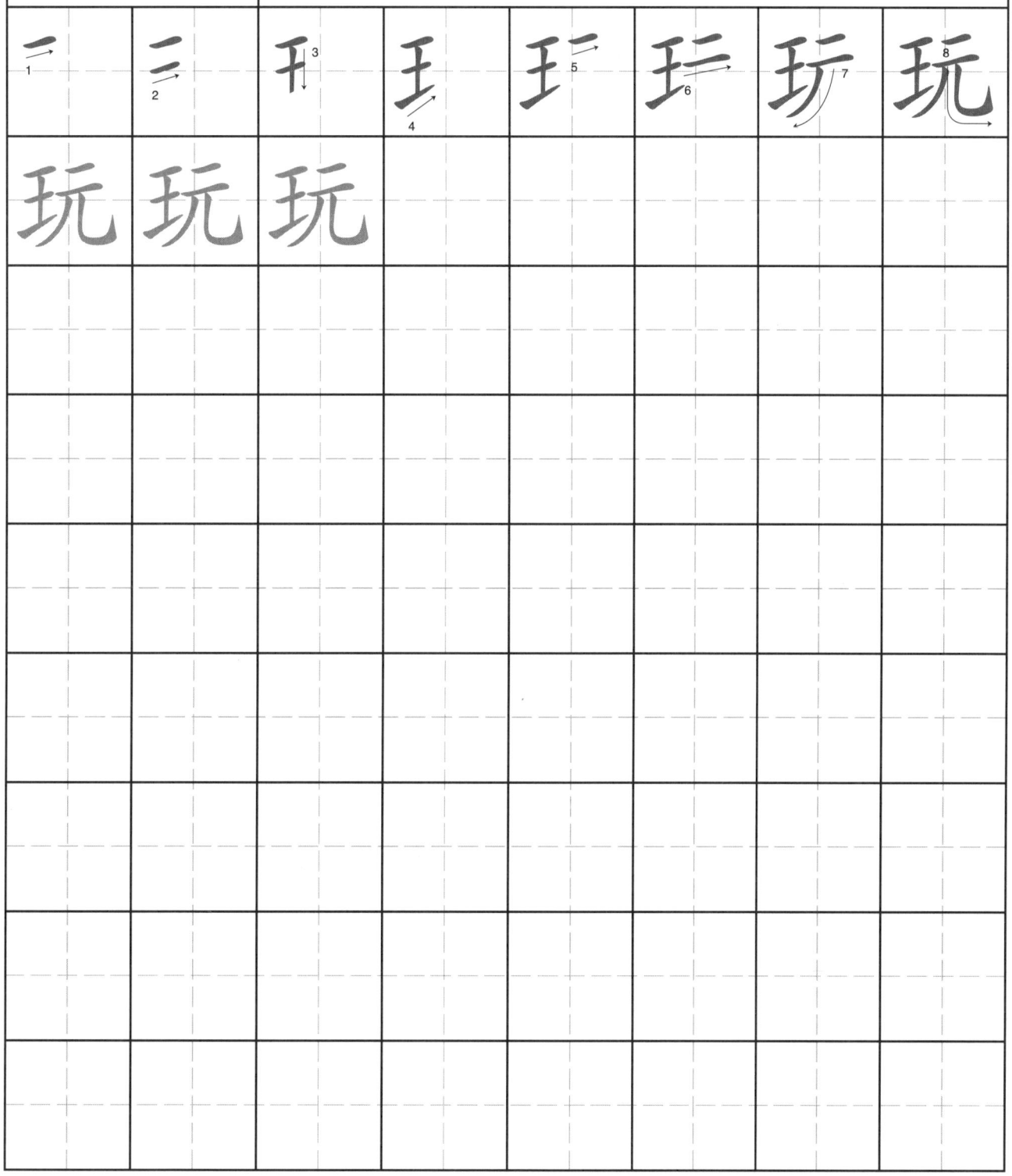

愛

ài 1. love 2. enjoy

common words

愛好 **ài hào** hobby
愛心 **ài xīn** affection
愛上 **ài shàng** fall in love with
愛上網 **ài shàng wǎng** enjoy surfing (internet)
愛人 **ài ren** 1. spouse 2. lover
可愛 **kě ài** cute; adorable

13 strokes

radical

心

simplified form

爱

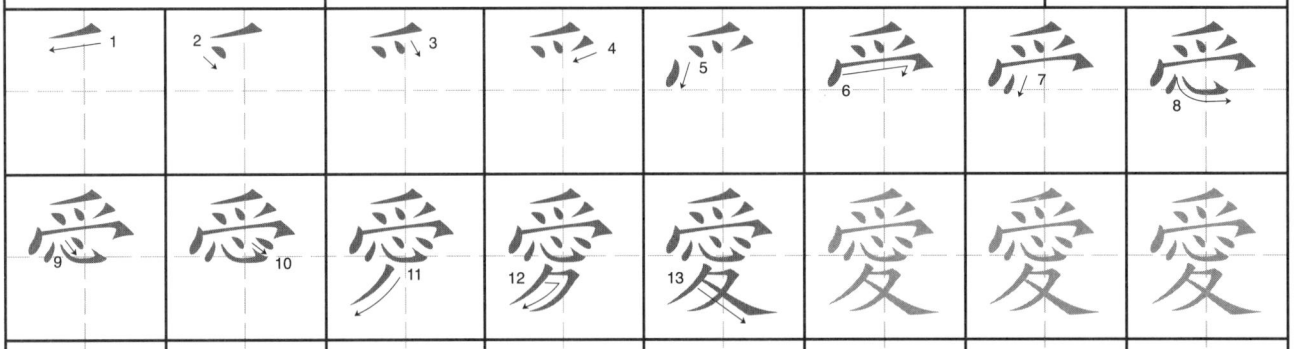

睡

shuì sleep

common words

睡醒 **shuì xǐng** wake up
睡衣 **shuì yī** pajamas
睡着 **shuì zháo** fall asleep
睡飽 **shuì bǎo** had a good sleep
想睡 **xiǎng shuì** feel like sleeping
打瞌睡 **dǎ kē shuì** dozing off

13 strokes

radical
目

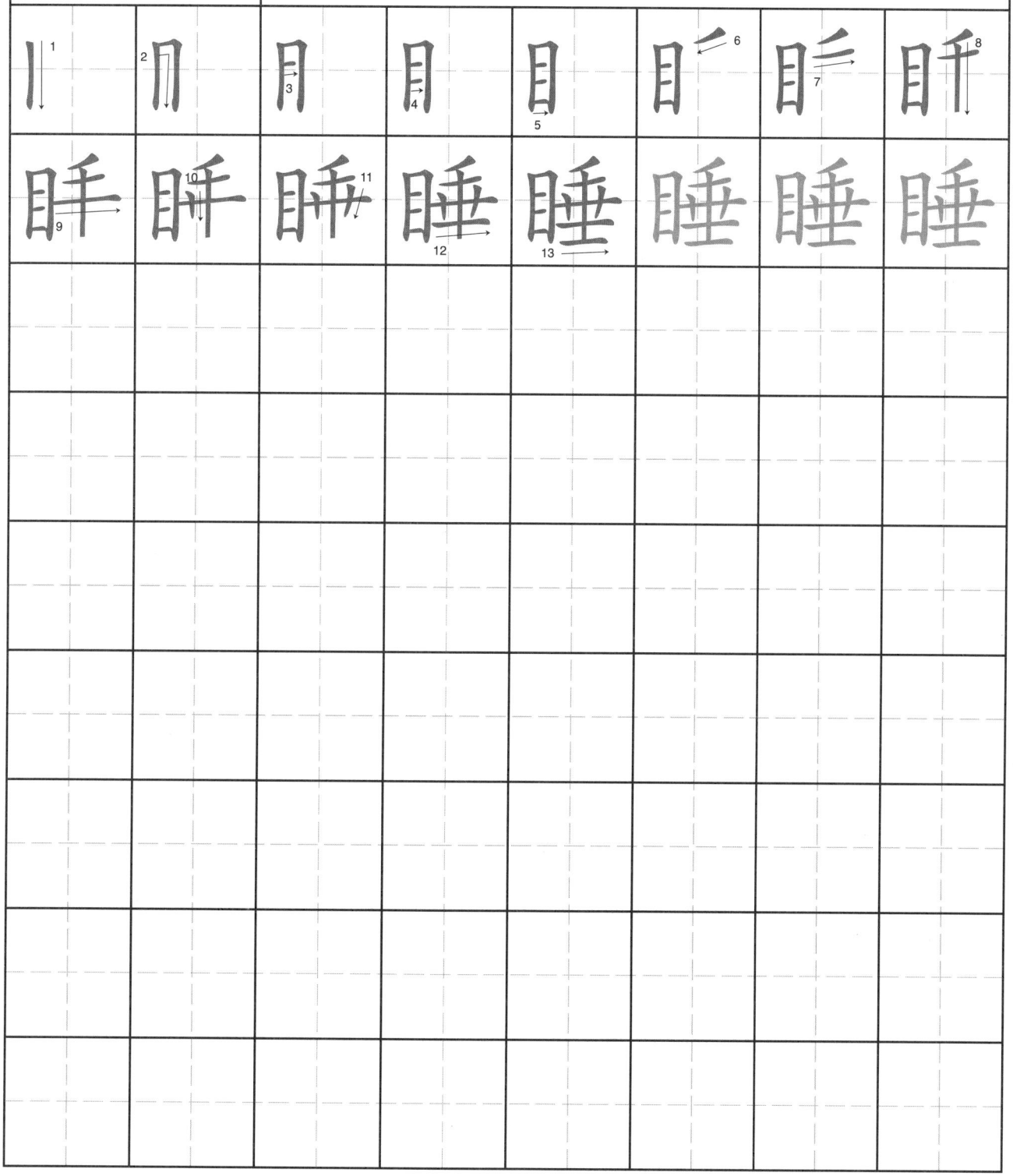

覺

jiào/jué 1. sleep
2. feel

common words

睡覺 **shuì jiào** sleep; go to bed
午覺 **wǔ jiào** afternoon nap
覺得 **jué de** feel
發覺 **fā jué** discover; realize
錯覺 **cuò jué** illusion; misconception
不知不覺 **bù zhī bù jué** unconciously

20 strokes

radical
見

simplified form
觉

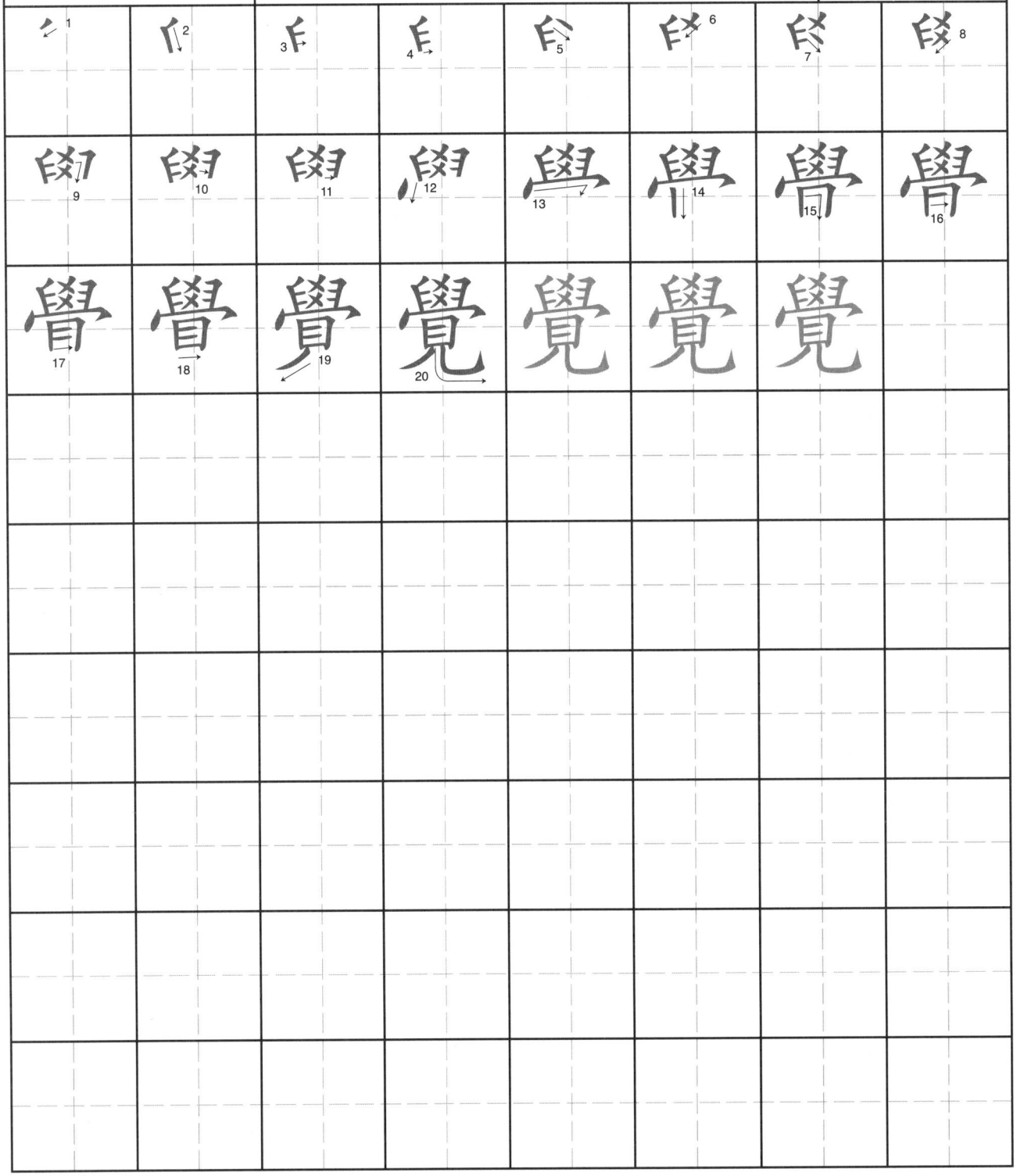

找

zhǎo 1. look for
2. return change (money)

common words

找到 **zhǎo dào** find; found
找人 **zhǎo rén** look for someone
找出 **zhǎo chū** found out
找尋 **zhǎo xún** search
找錢 **zhǎo qián** return change
找工作/找事作 **zhǎo gōng zuò/zhǎo shì zuò** look for a job

7 strokes

radical
手（扌）

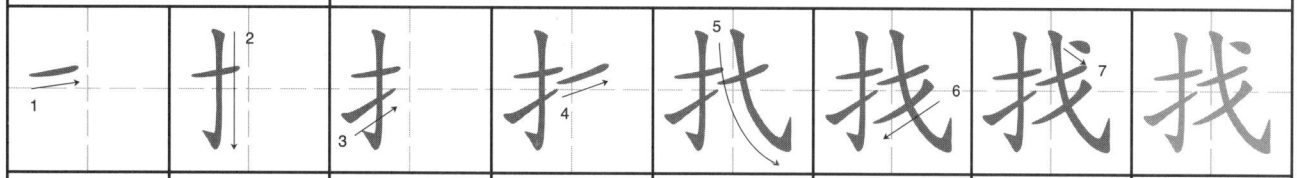

到

dào 1. arrive 2. go 3. until

common words

到了 **dào le** arrived
到處 **dào chù** everywhere
得到 **dé dào** get; achieve
拿到 **ná dào** get hold of
說到 **shuō dào** touch on; refer to
遲到 **chí dào** (arrive) late
回到 **huí dào** return to

8 strokes

radical
刀 (刂)

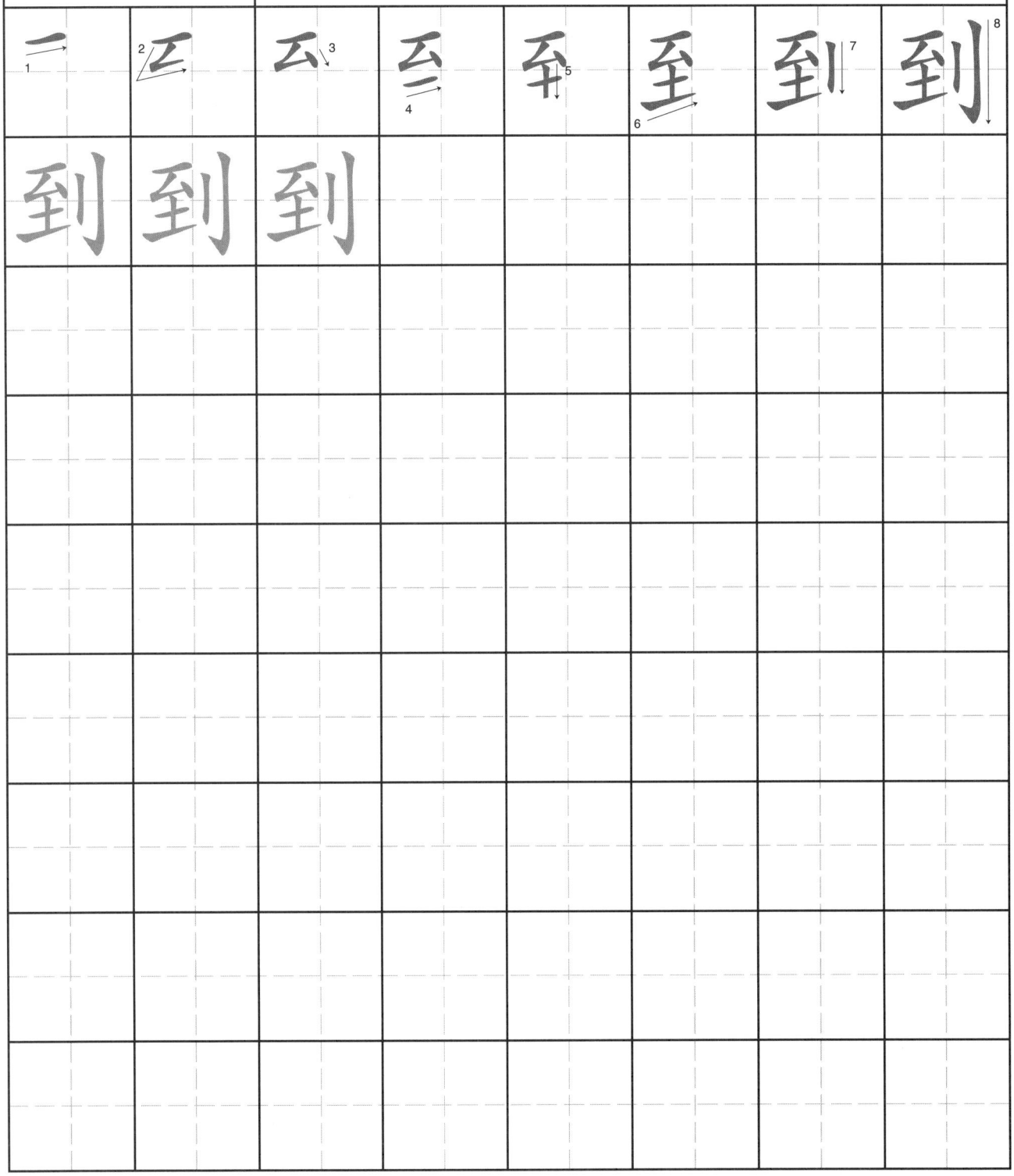

工

gōng 1. work
2. worker (in short)

common words

工人/員工 **gōng rén/yuán gōng** worker
工作 **gōng zuò** 1. (to) work 2. job; work
工具 **gōng jù** tool
工廠 **gōng chǎng** factory
工錢/工資 **gōng qian/gōng zī** pay; wage
停工 **tíng gōng** stop work
做工/打工 **zuò gōng/dǎ gōng** (to) work

3 strokes

radical
工

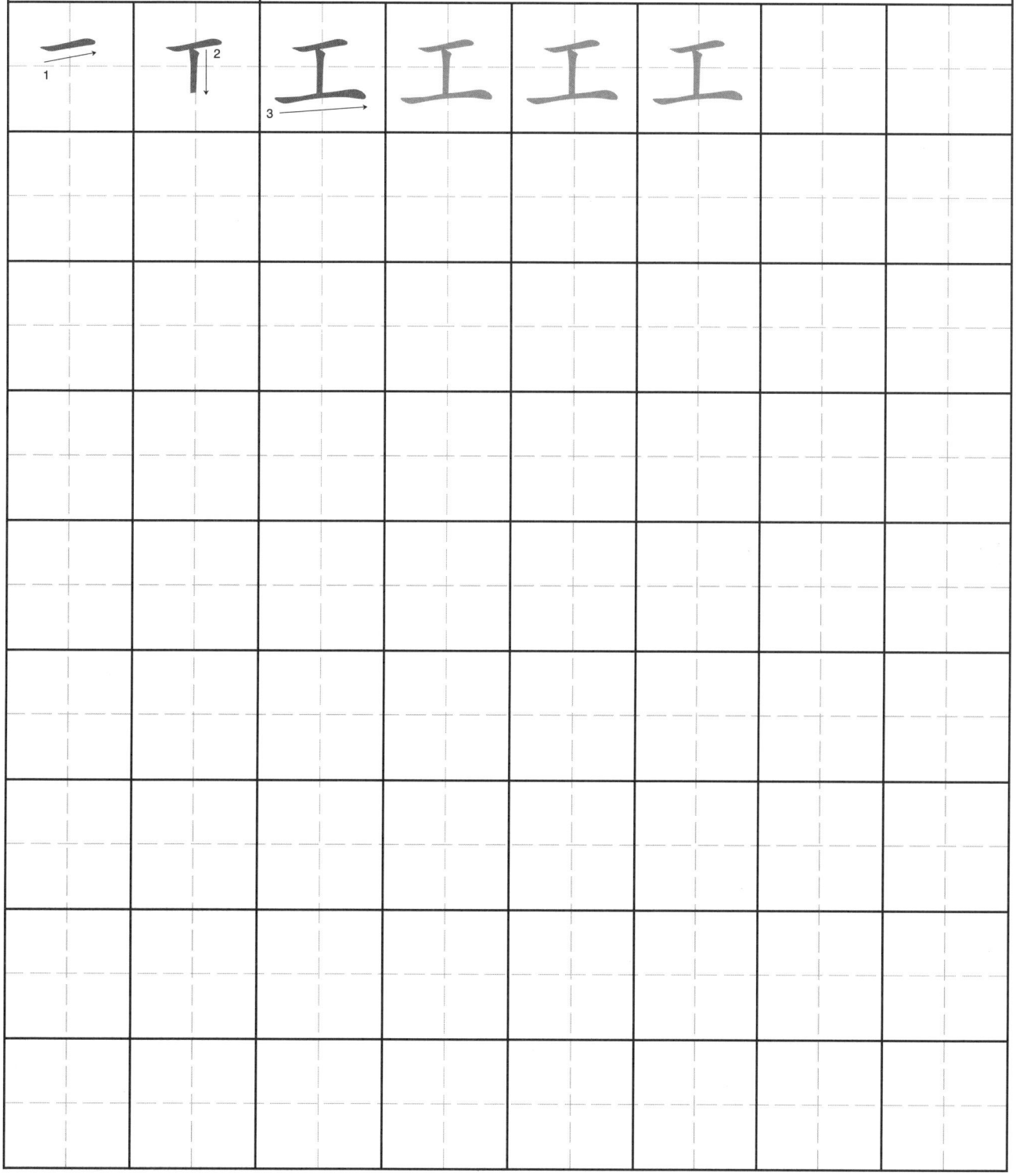

作

zuò/zuō 1. do
2. write 3. feel

common words

作樂 **zuò lè** enjoy oneself
作弄 **zuō nòng** tease; make fun
作業 **zuò yè** homework; task
作家/作者 **zuò jiā/zuò zhě** composer; author
作客 **zuò kè** be a guest
合作 **hé zuò** cooperate
當作 **dāng zuò** regard as; consider to be

7 strokes

radical
人（亻）

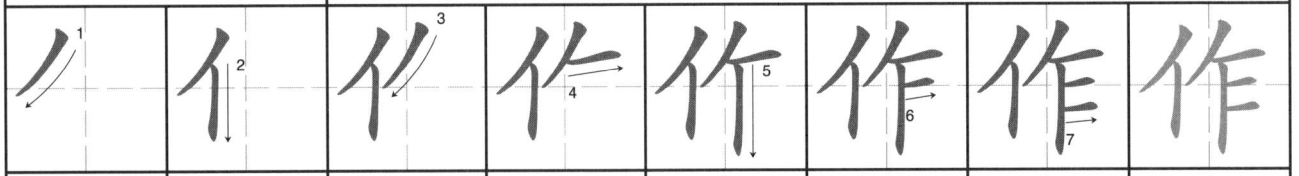

作 作

後

hòu 1. back; behind
2. after; later

common words

後來/然後 **hòu lái/rán hòu** afterward; and then
後面/後邊 **hòu miàn/hòu bian** back; behind
後門 **hòu mén** back door
後天 **hòu tiān** day after tomorrow
後父 **hòu fù** stepfather
今後 **jīn hòu** from now on
最後 **zuì hòu** 1. (the) last 2. finally; at last

9 strokes

radical
彳

simplified form
后

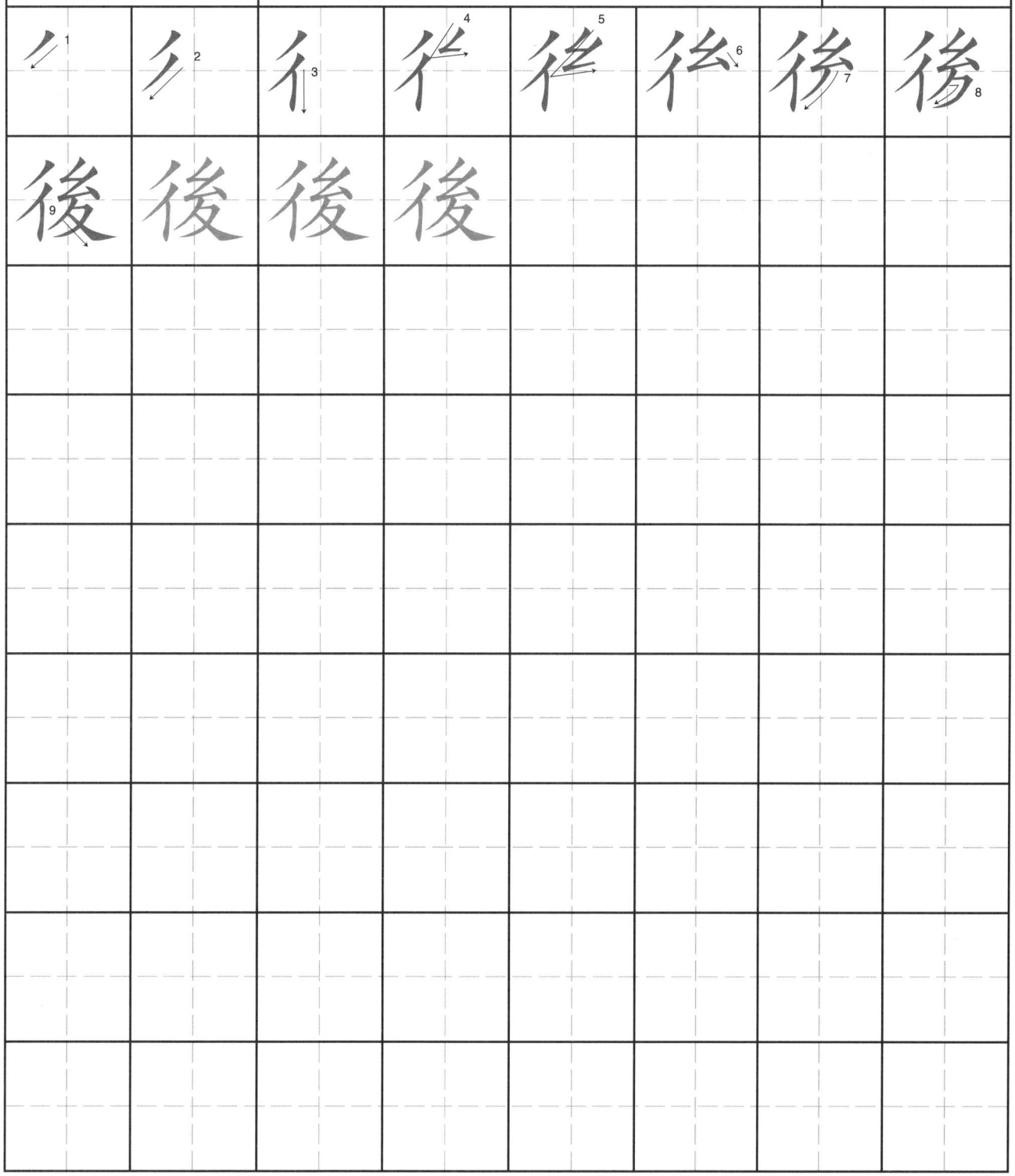

快

kuài fast; quickly; hurry up

common words

快樂/愉快 **kuài lè/yú kuài** happy; joyful
快餐 **kuài cān** fast food
快要/快了 **kuài yào/kuài le** soon
快點兒/趕快 **kuài diǎnr/gǎn kuài** hurry up; quickly
快車 **kuài chē** express bus/train
加快 **jiā kuài** accelerate
外快 **wài kuài** supplementary income

7 strokes

radical
心（忄）

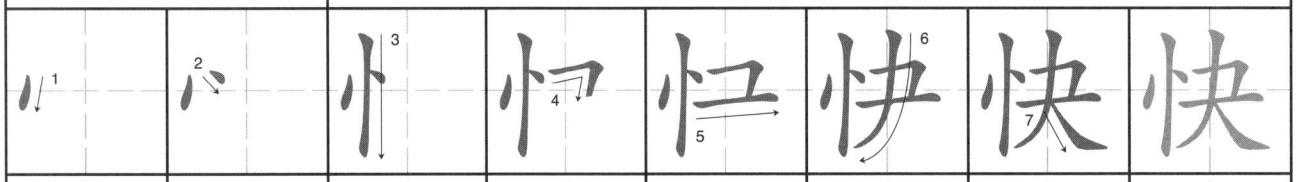

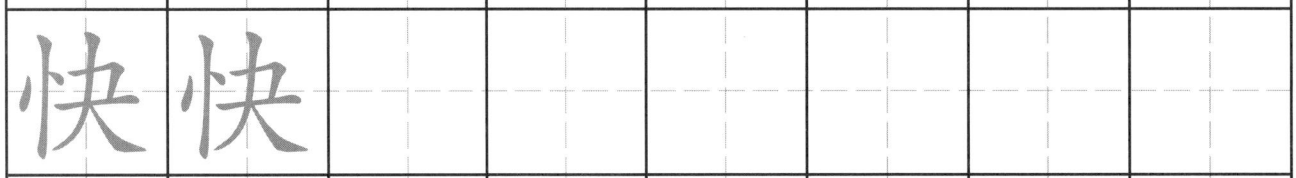

放

fàng 1. release
2. place; lay

common words

放心 **fàng xīn** at ease
放手 **fàng shǒu** let go
放下 **fàng xià** lay down; let go
放假 **fàng jià** (take) vacation
放屁 **fàng pì** 1. break wind 2. talk nonsense
放開 **fàng kāi** release; set free
放火 **fàng huǒ** 1. set fire 2. commit arson

8 strokes

radical
攴

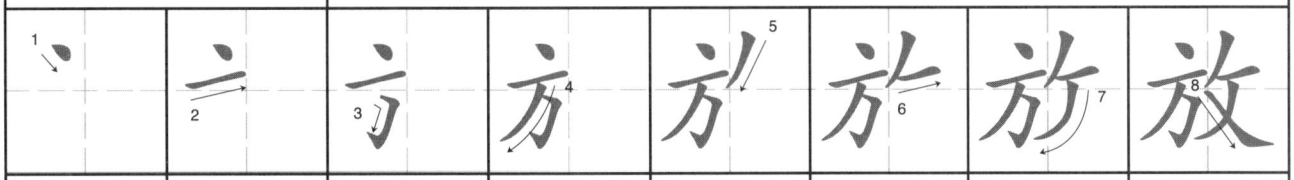

放 放 放

開

kāi 1. open 2. bloom
3. operate; turn on

common words

開心 **kāi xīn** happy
開花/開放 **kāi huā/kāi fàng** (to) flower
開車 **kāi chē** drive a car
走開 **zǒu kāi** leave; get lost
分開 **fēn kāi** separate
打開 **dǎ kāi** open
白開水 **bái kāi shuǐ** boiled water

12 strokes

radical
門

simplified form
开

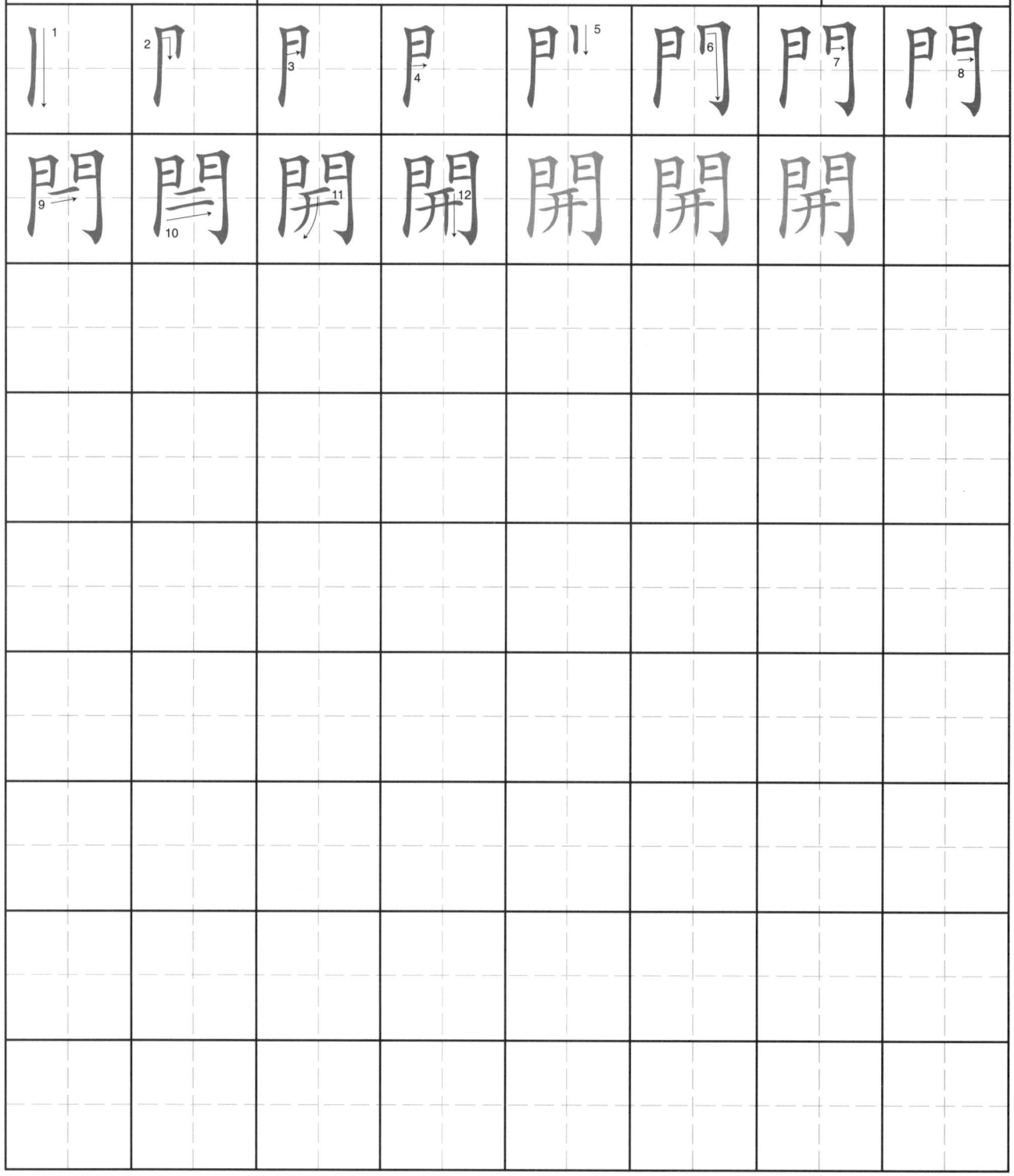

意

yì 1. meaning 2. idea

common words

意見 **yì jiàn** opinion; view
意外 **yì wài** 1. accident 2. unexpected
注意 **zhù yì** pay attention; note
同意 **tóng yì** agree; accept
有意/故意 **yǒu yì/gù yì** purposely
大意 **dà yì** 1. careless 2. main meaning/idea
得意 **dé yì** complacent

13 strokes

radical
心

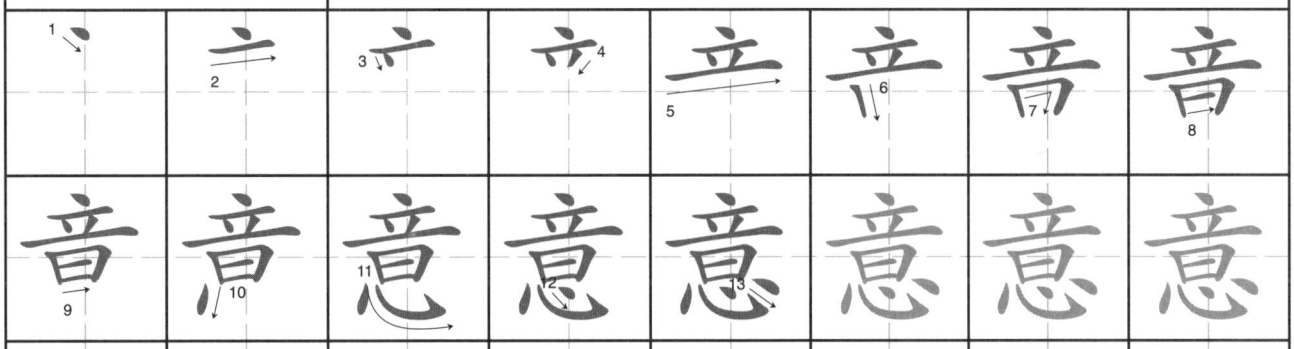

思

sī think of; consider; ponder

common words

思想 **sī xiǎng** thinking; ideology
思考 **sī kǎo** think over; ponder
意思 **yì si** meaning
有意思 **yǒu yì si** interesting
沒意思 **méi yì si** not interesting; meaningless
小意思 **xiǎo yì si** 1. That's easy! 2. small token
心思 **xīn si** 1. thinking 2. mood

9 strokes

radical
心

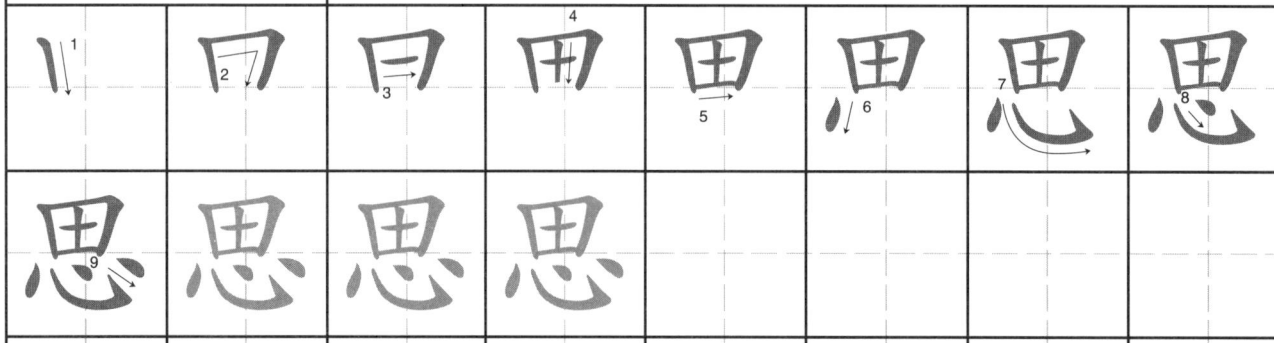

說

shuō speak

common words

說明 **shuō míng** explain
說話 **shuō huà** speak
說不定 **shuō bu dìng** perhaps; may be
說大話 **shuō dà huà** (to) boast
說謊 **shuō huǎng** (to) lie
愛說笑 **ài shuō xiào** love to joke
小說 **xiǎo shuō** novel

14 strokes

radical

言

simplified form

说

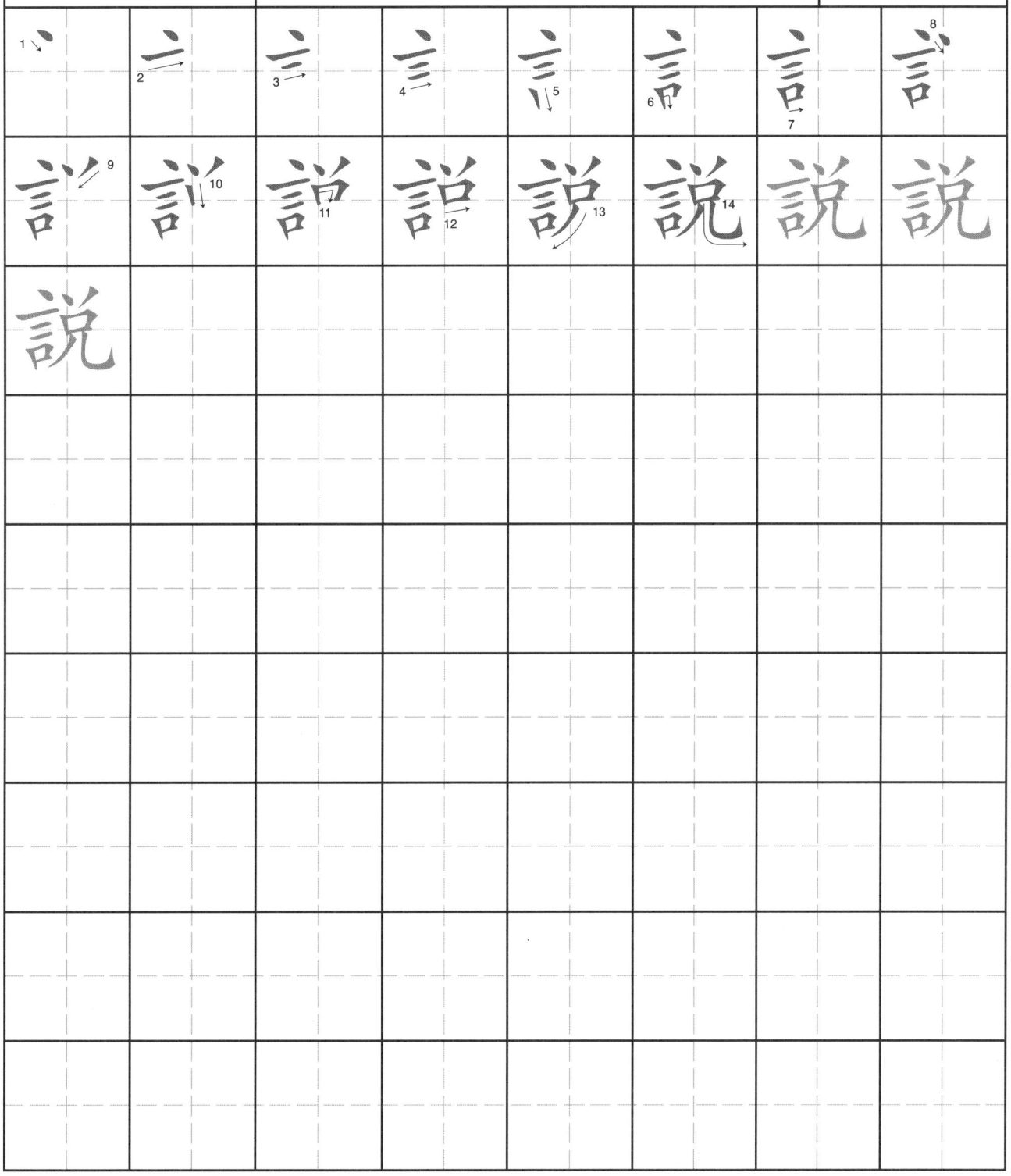

空

kòng/kōng 1. sky 2. empty 3. free

common words

空白 **kòng bái** blank
空位 **kòng wèi** empty seat
空氣 **kōng qì** air
空中 **kōng zhōng** mid-air
天空 **tiān kōng** sky
有空 **yǒu kòng** free

8 strokes

radical
穴

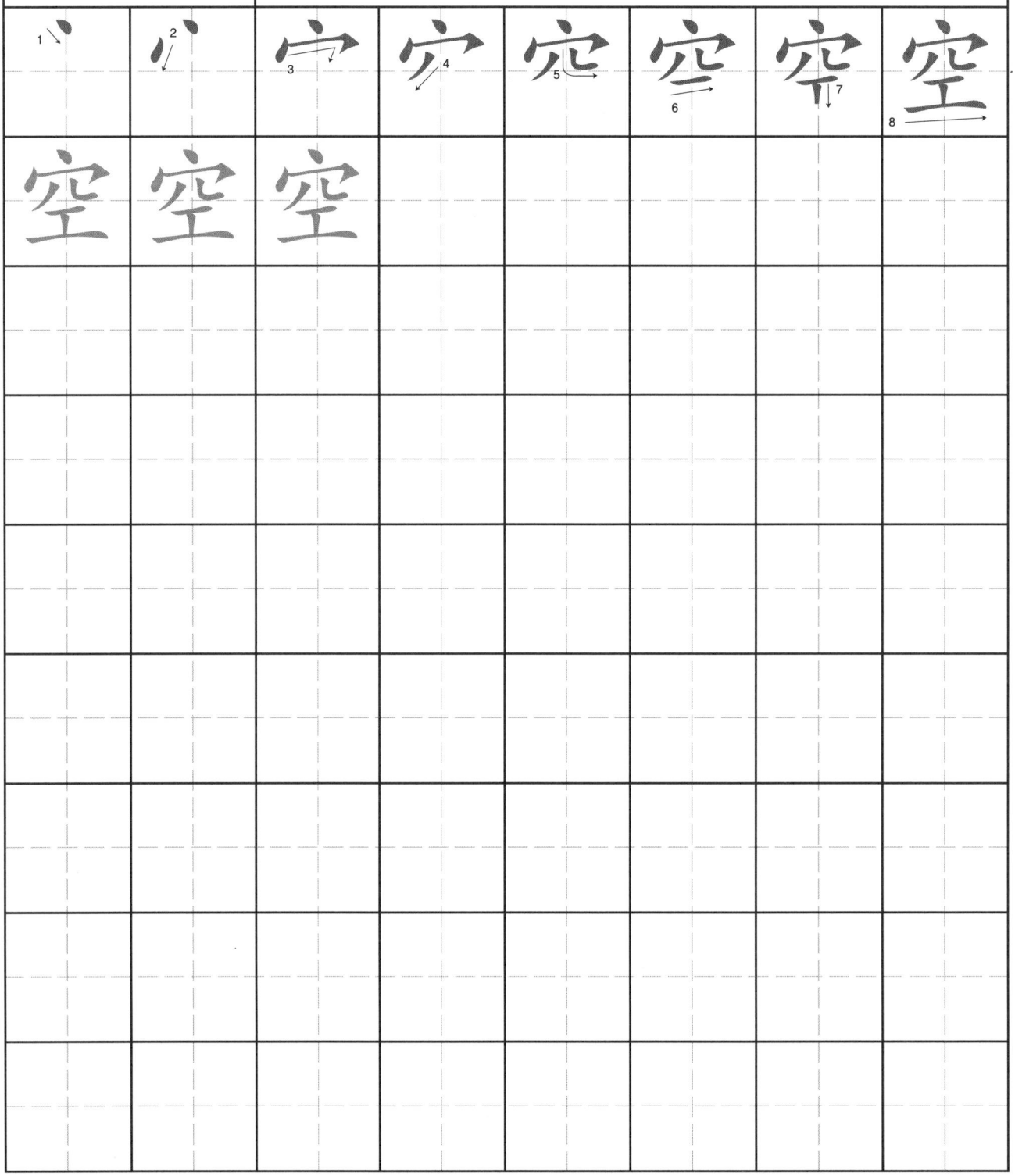

話

huà (one's) words

common words

話題 **huà tí** subject (of a conversation)
話劇 **huà jù** stage play
笑話 **xiào huà** joke
壞話 **huài huà** malicious talk
電話 **diàn huà** telephone
空話 **kōng huà** empty talk; idle talk

13 strokes

radical

言

simplified form

话

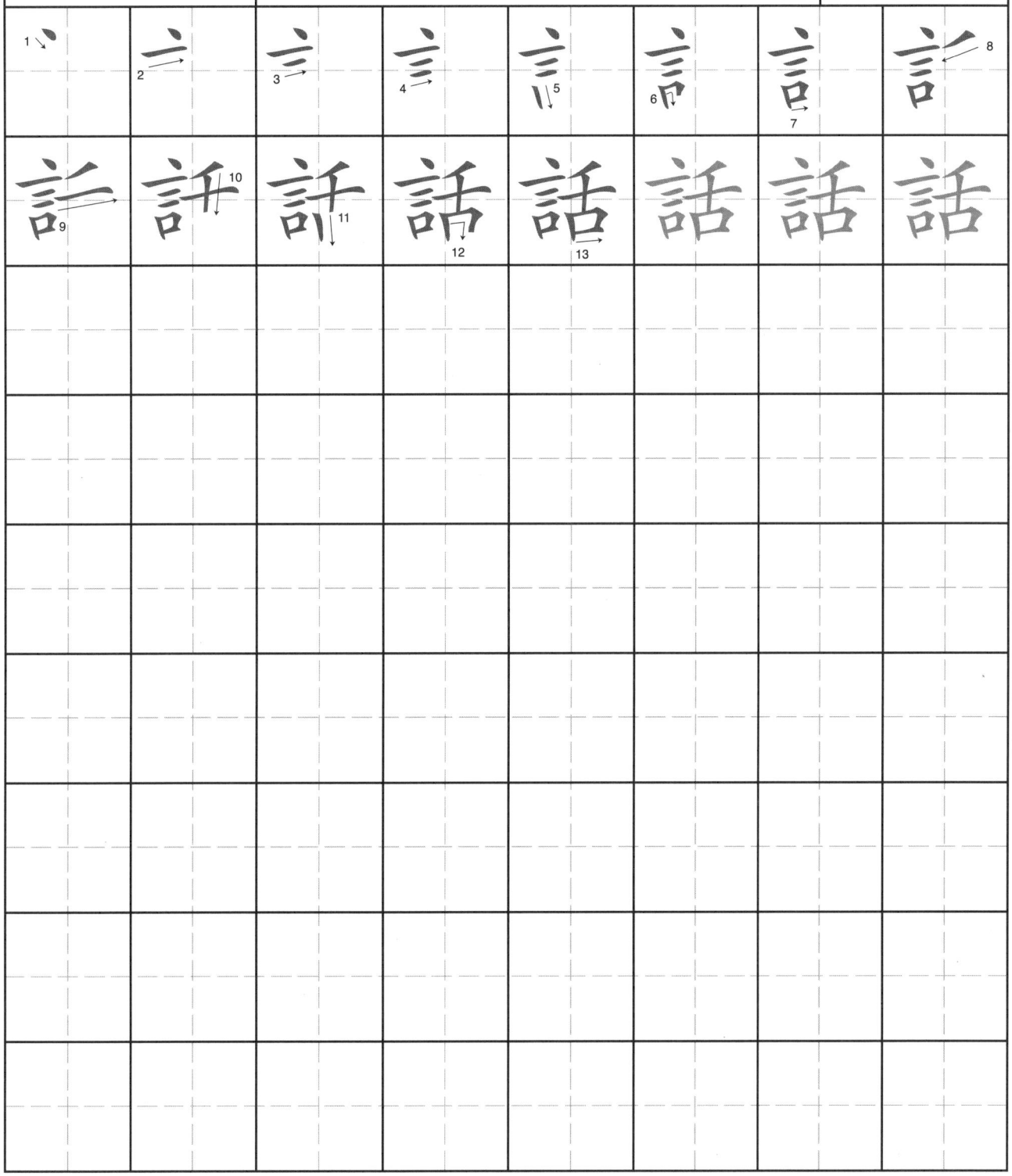

要

yào/yāo 1. need 2. want 3. ask for

common words

要是 **yào shì** if
要好 **yào hǎo** on good terms, befriend
要求 **yāo qiú** request
要不/要不然 **yào bù/yào bu rán** otherwise; or else
要紧/重要 **yào jǐn/zhòng yào** important
就要 **jiù yào** about to
須要 **xū yào** need to

9 strokes

radical
西（西）

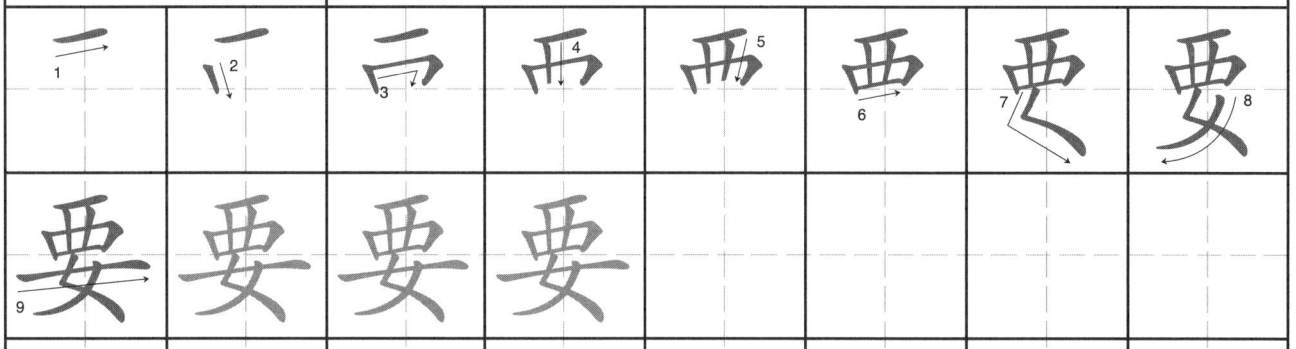

知

zhī know; knowledge

common words

知道 **zhī dào** know
知己 **zhī jǐ** bosom friend
明知 **míng zhī** know fully well
得知 **dé zhī** know/learn about
已知 **yǐ zhī** already known
通知/告知 **tōng zhī/gào zhī** notify; inform

8 strokes

radical
矢

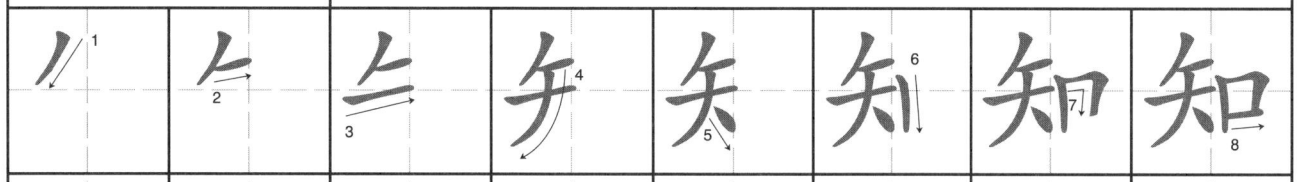

知 知 知

道

dào 1. road; way
2. moral

common words

道歉 **dào qiàn** apologize
道謝 **dào xiè** (to) thank
道別 **dào bié** bid farewell; part
道理 **dào li** reasoning; doctrine
道路 **dào lù** road
味道 **wèi dào** taste; flavor
街道 **jiē dào** street

13 strokes

radical
辵 (辶)

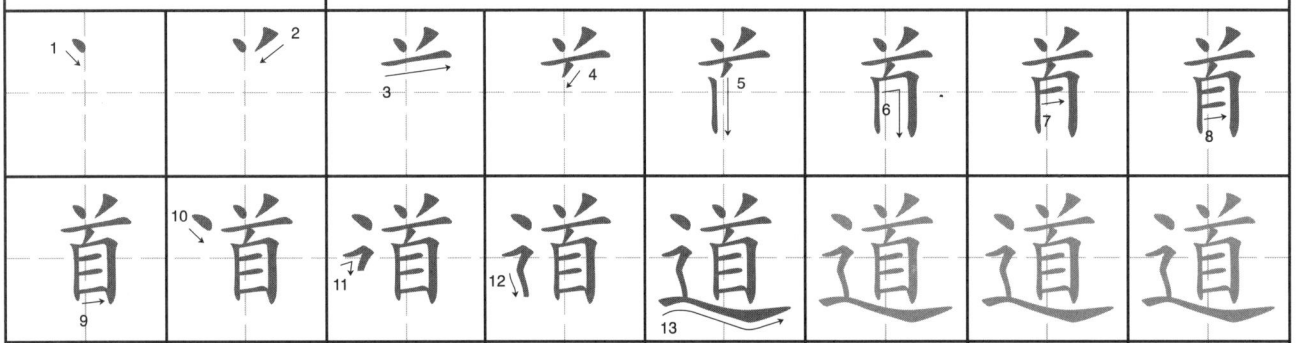

別

bié/biè 1. part
2. tuck 3. don't

common words

別的 **bié de** other
別人 **bié rén** other people
別處 **bié chù** elsewhere
別忘了 **bié wàng le** don't forget
別客氣 **bié kè qi** you're welcome; not at all
特別 **tè bié** special

7 strokes

radical
刀 (刂)

simplified form
别

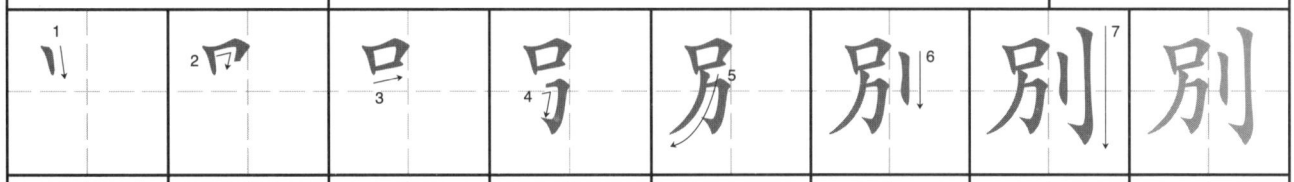

客

kè guest

common words

客人 **kè rén** guest
客户 **kè hù** customer
客廳 **kè tīng** living room
客房 **kè fáng** guest room
客氣 **kè qi** courteous; polite
常客 **cháng kè** regular customer
乘客 **chéng kè** passenger

9 strokes

radical

宀

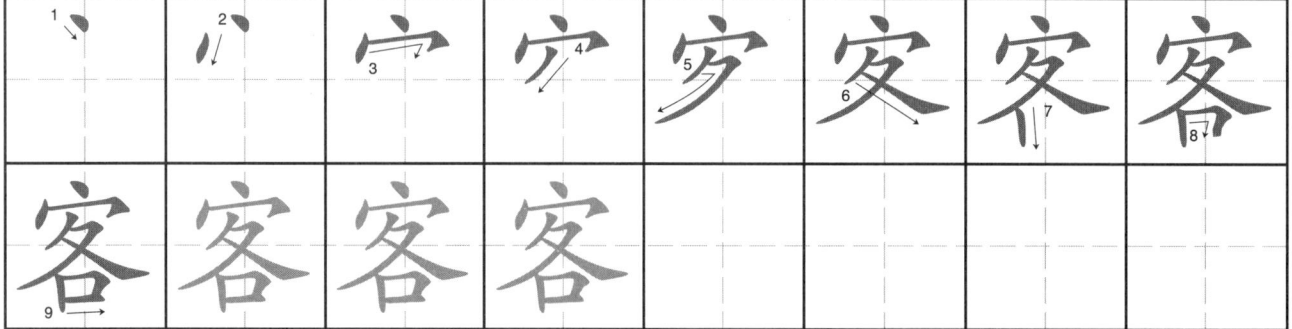

客 客 客 客

氣

qì 1. gas 2. angry

common words

氣死/氣死人 **qì sǐ/qì sǐ rén** enraged
氣味 **qì wèi** smell
氣球 **qì qiú** balloon
氣候 **qì hòu** weather
氣力 **qì lì** strength
生氣 **shēng qì** angry
小氣 **xiǎo qì** 1. stingy; mean 2. in poor taste

10 strokes

radical
气

simplified form
气

進

jìn 1. enter
2. progress

common words

進去/進入 **jìn qù/jìn rù** go in; enter; get inside
進來 **jìn lái** come in
進步 **jìn bù** show improvement
進行 **jìn xíng** carry out (an event)
上進 **shàng jìn** make progress
改進 **gǎi jìn** improve
先進 **xiān jìn** advanced

12 strokes

radical
辵 (辶)

simplified form
进

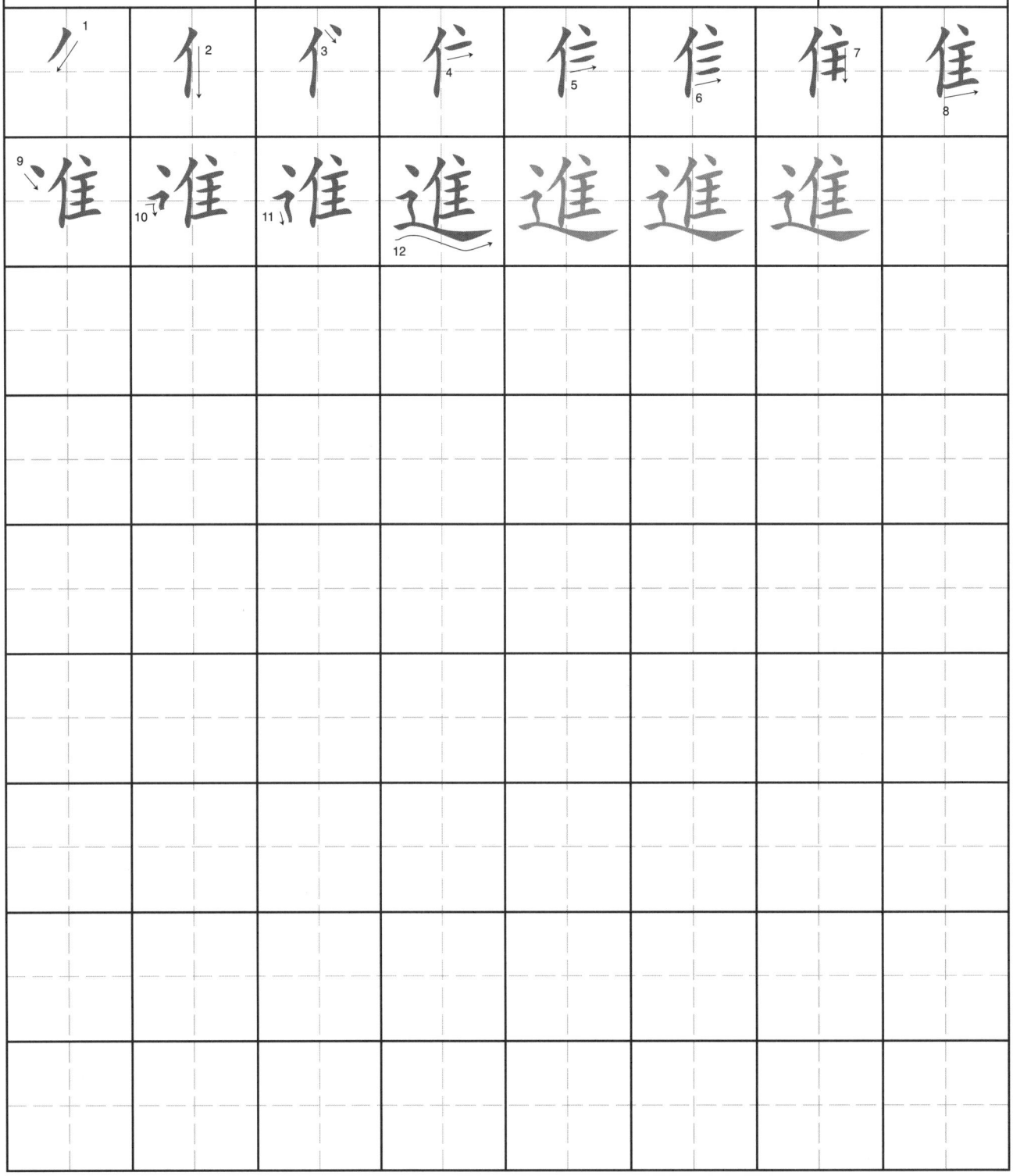

來

lái 1. come 2. appear

common words

來到 **lái dào** arrive
來不及 **lái bu jí** too late; cannot make it
起來 **qǐ lái** get up; rise
看來 **kàn lái** look like; appear to be
本來 **běn lái** at first; originally
從來 **cóng lái** all along; never
原來如此 **yuán lái rú cǐ** I see, that's way

8 strokes

radical
人

simplified form
来

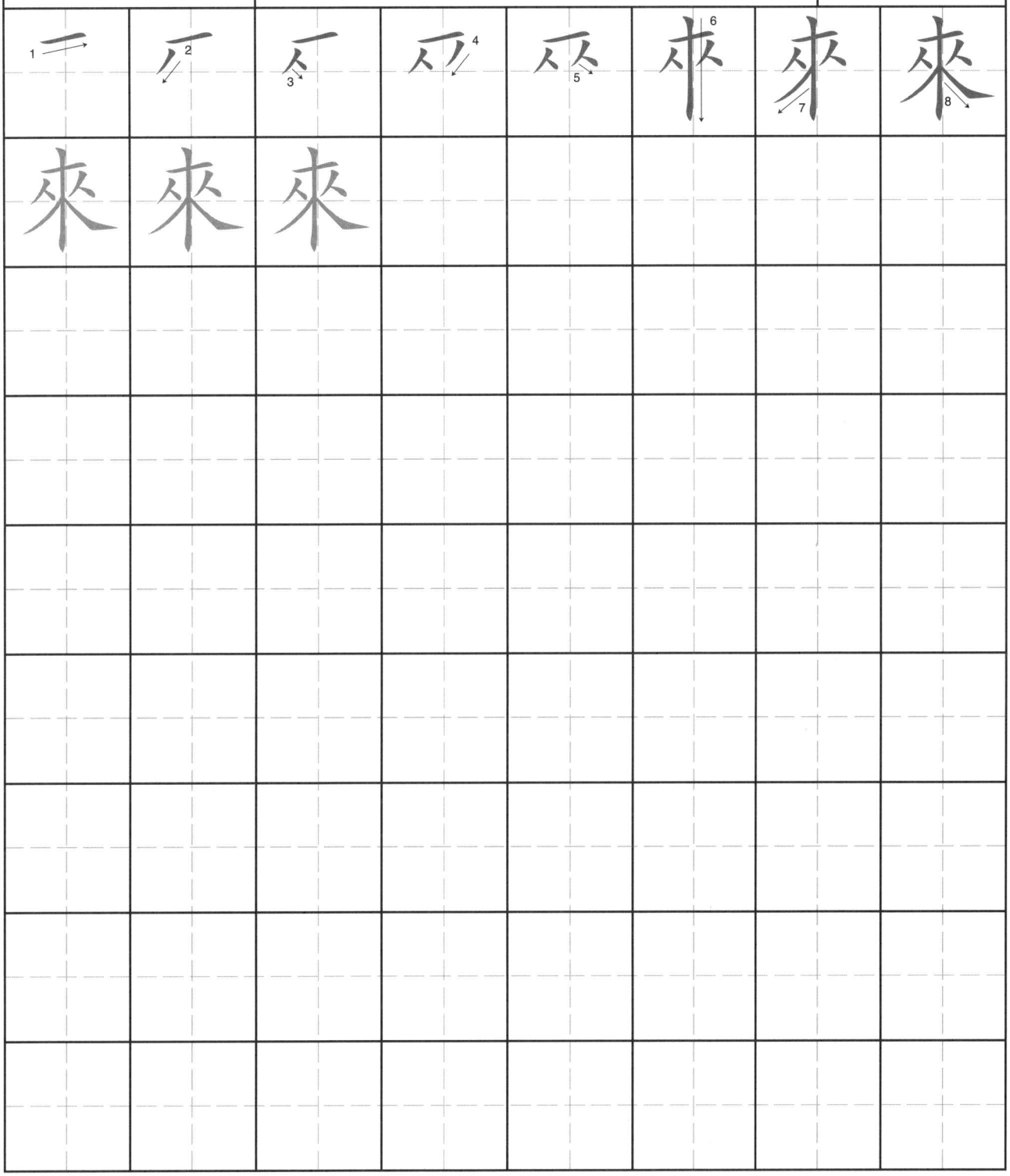

坐

zuò 1. sit 2. ride; travel by

common words

坐下 **zuò xià** sit down
坐位 **zuò wèi** seat
坐牢 **zuò láo** imprison
坐飛機 **zuò fēi jī** travel by air/plane
坐船 **zuò chuán** travel by sea/boat
乘坐 **chéng zuò** travel by
靜坐 **jìng zuò** sit in silence

7 strokes

radical
土

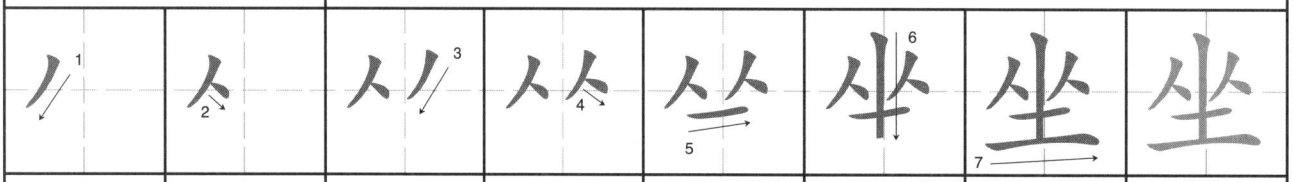

呀

yā/ya 1. creeking
2. sentence-ending particle

common word

哎呀!/呀! **aī yā/yā** Oh!; Ah! (expresses surprise, annoyance, reluctance, etc)
來呀! **lái ya** Please come!

7 strokes

radical
口

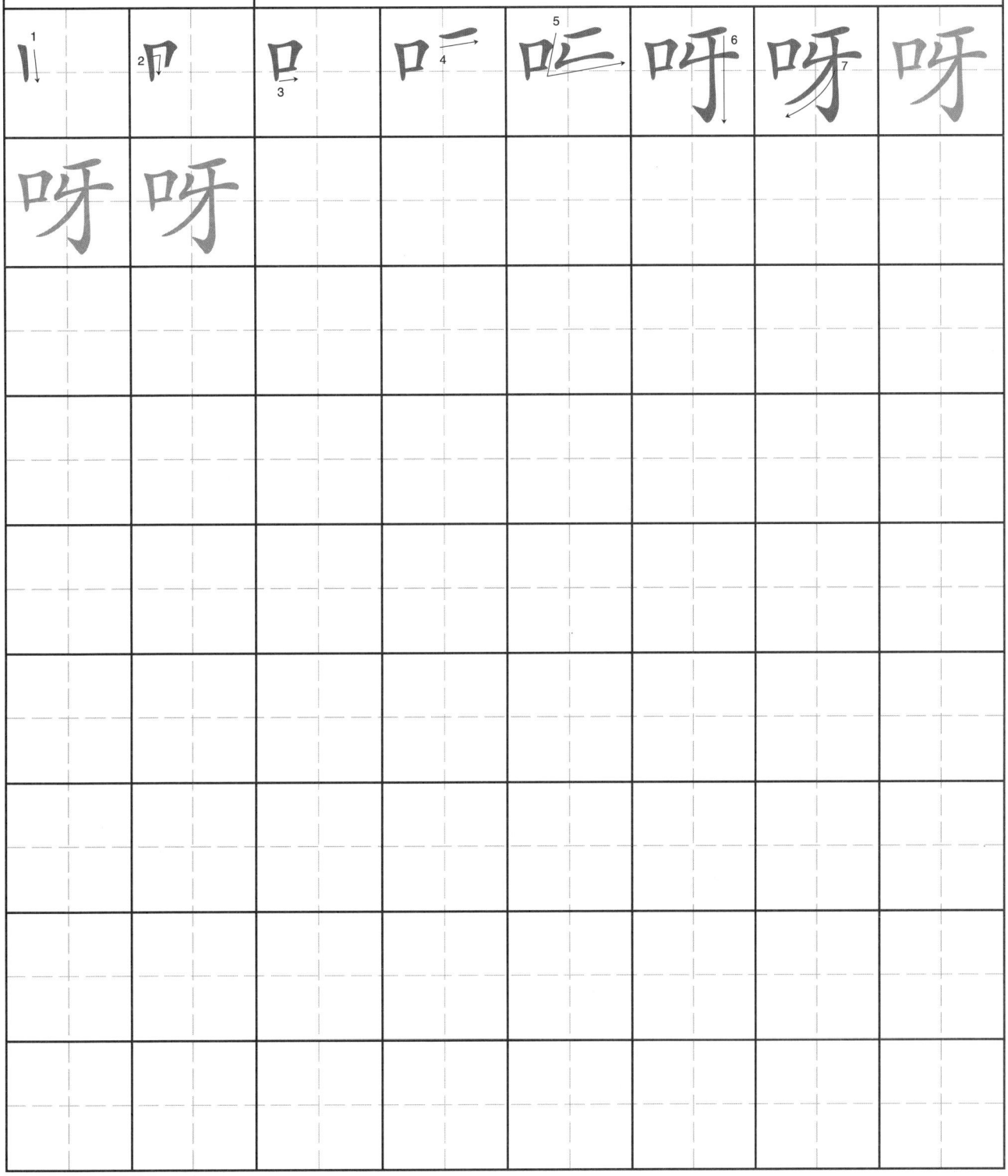

介

jiè between

common words

介紹 **jiè shào** (to) introduce
介意 **jiè yì** mind
介詞 **jiè cí** preposition (grammar)
介入 **jiè rù** get involved; interfere
不介意 **bù jiè yì** don't mind

4 strokes

radical
人

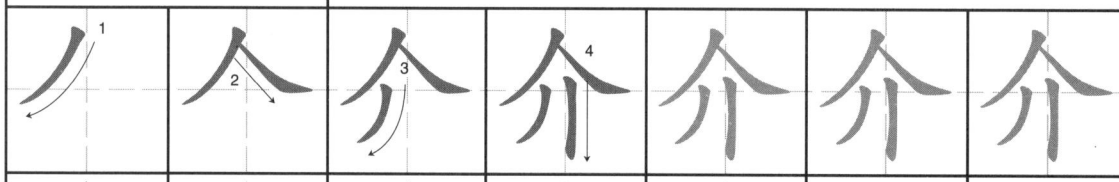

紹

shào join together; connect

common words

介紹/紹介 **jiè shào/shào jiè** (to) introduce
介紹信 **jiè shào xìn** letter of introduction

11 strokes

radical
糸

simplified form
绍

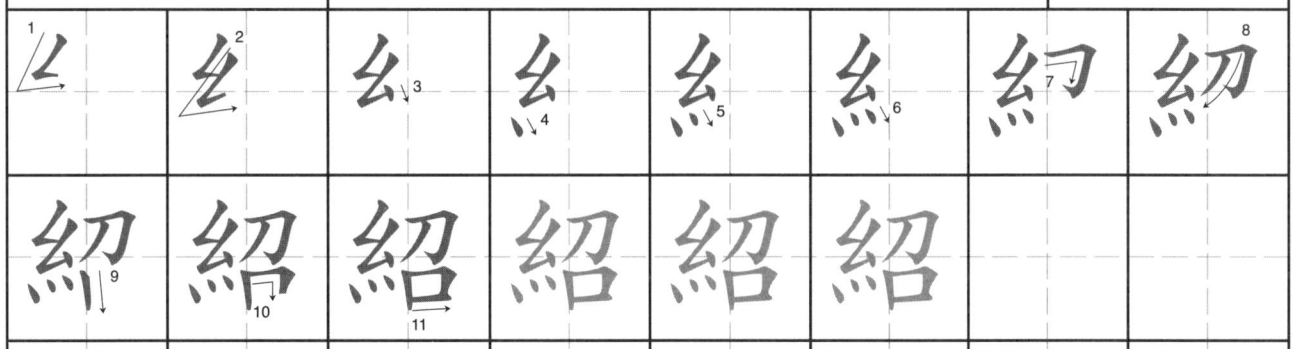

高

gāo 1. tall; high
2. senior

common words

高等 **gāo děng** high level
高大 **gāo dà** 1. huge 2. glorious
高矮 **gāo ǎi** height
高低 **gāo dī** 1. height 2. difference (in height/degree)
高地 **gāo dì** highland
高見 **gāo jiàn** opinion
高手 **gāo shǒu** expert

10 strokes

radical
高

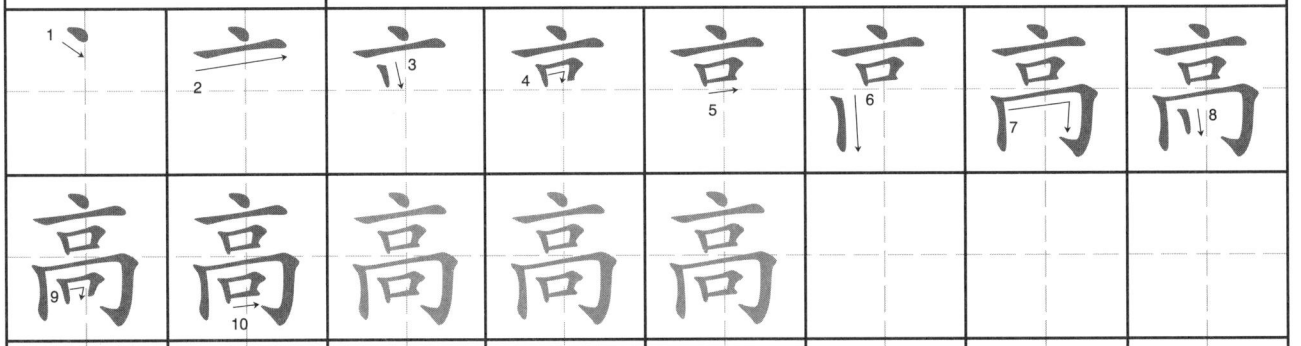

興

xìng/xīng 1. prosper
2. excitement; happy

common words

興趣 **xìng qù** interest
興奮 **xīng fèn** excited
興奮劑 **xīng fèn jì** stimulant
興衝衝 **xīng chōng chōng** happily
高興 **gāo xìng** happy
掃興 **sǎo xīng** disappointed

15 strokes

radical
白

simplified form
兴

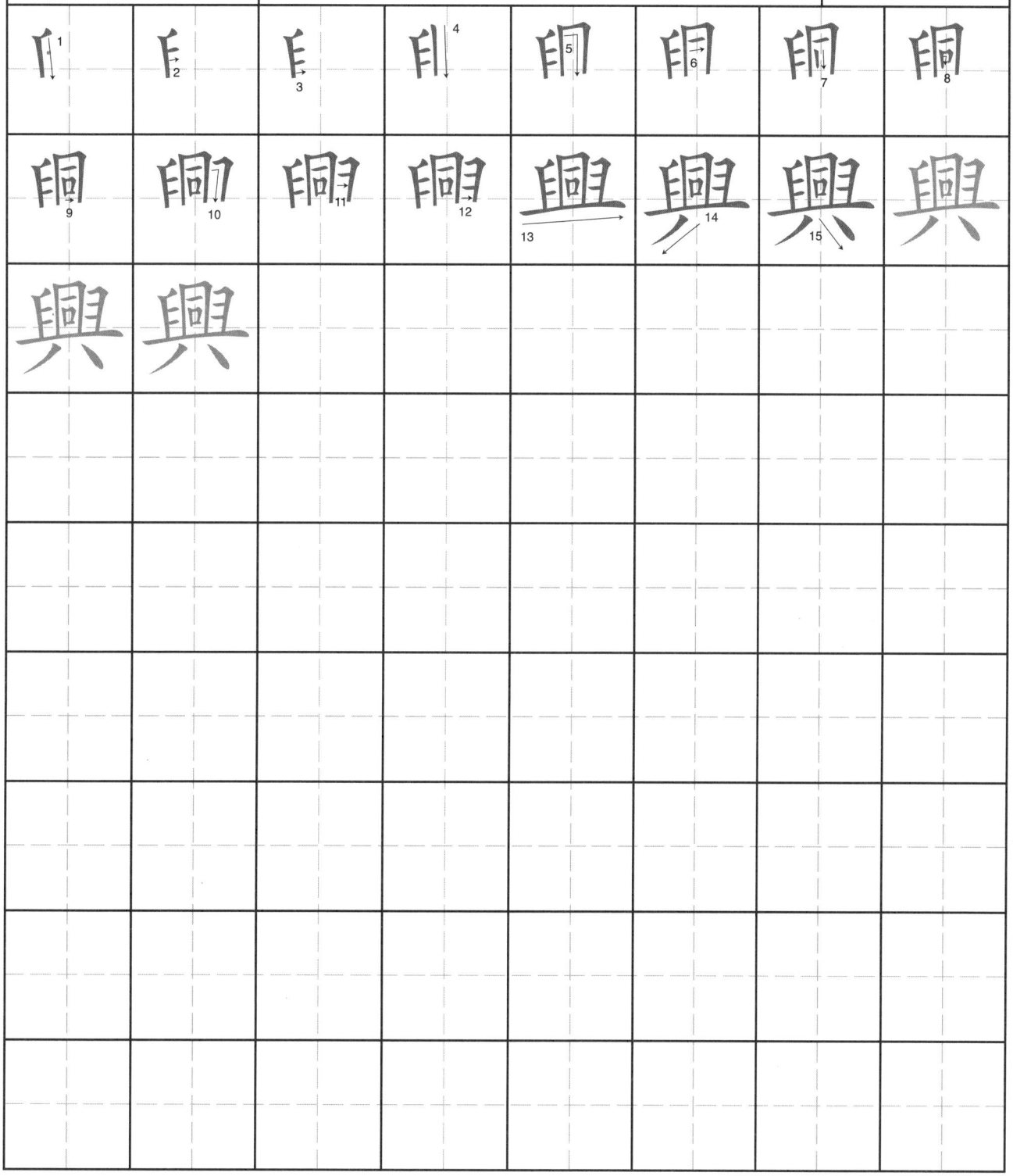

漂

piāo/piǎo/piào

1. float; drift 2. rinse

common words

漂亮 **piào liang** beautiful; wonderful; outstanding
漂白 **piǎo bái** bleach
漂流 **piāo liú** drift
漂浮 **piāo fú** float

14 strokes

radical

水（氵）

亮

liàng 1. bright
2. show

common words

亮光 **liàng guāng** light
亮晶晶 **liàng jīng jīng** sparkle
明亮 **míng liàng** bright; shiny
月亮 **yuè liàng** moon
發亮 **fā liàng** glow
照亮 **zhào liàng** illuminate

9 strokes

radical
亠

simplified form
亮

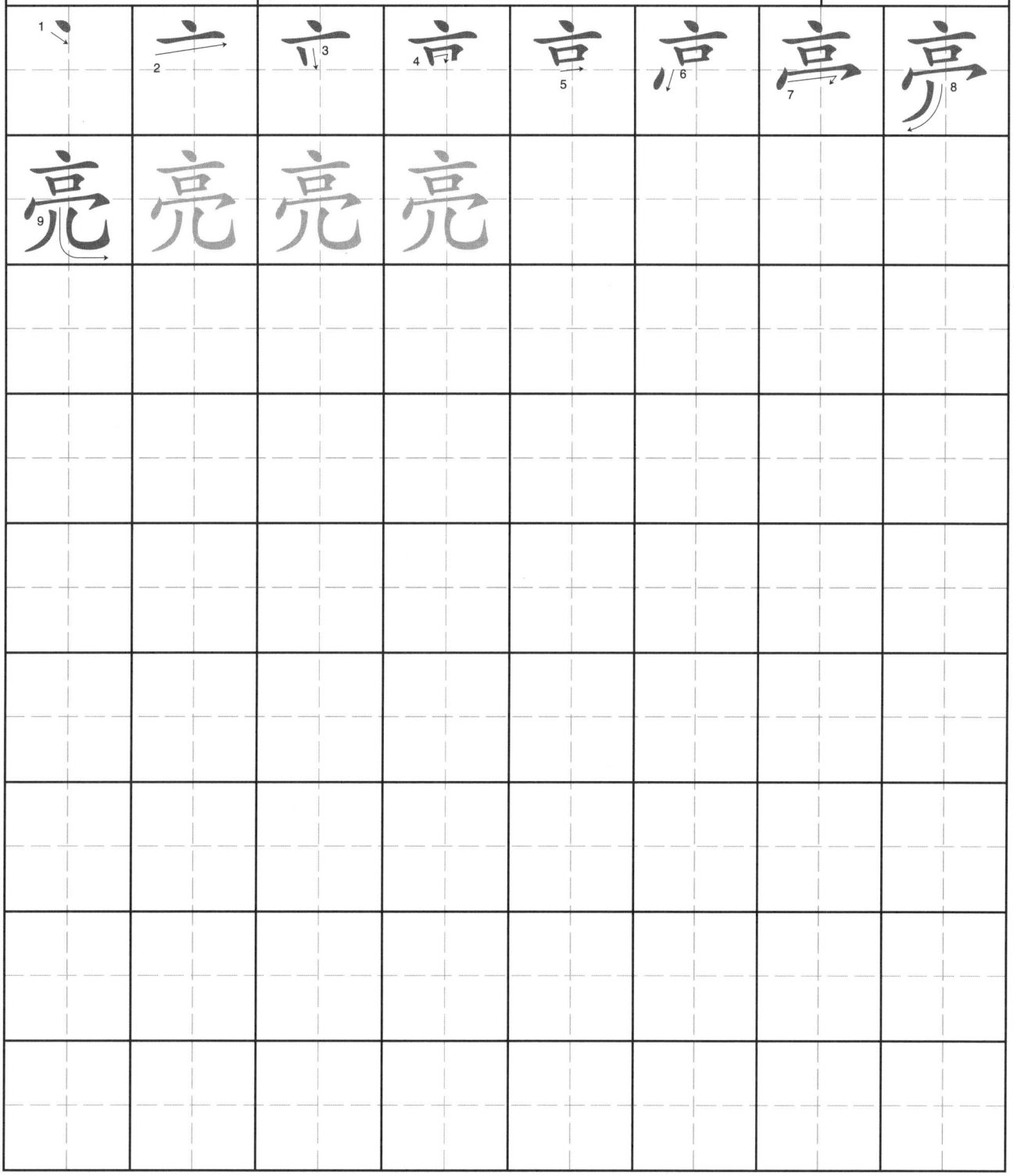

口

kǒu 1. mouth
2. entrance; opening

common words

口紅 **kǒu hóng** lipstick
口袋 **kǒu dai** pocket
口氣 **kǒu qì** tone (when saying something)
胃口 **wèi kǒu** 1. appetite 2. liking (in food)
門口 **mén kǒu** doorway
入口 **rù kǒu** entrance
窗口 **chuāng kǒu** window

3 strokes

radical
口

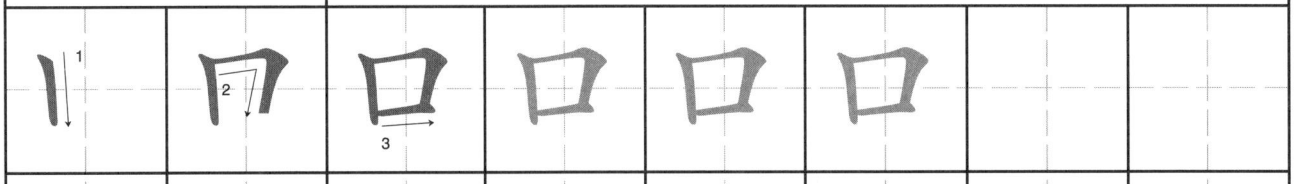

渴

kě 1. thirsty 2. eagerly

common words

渴求 **kě qiú** hunger for
渴望 **kě wàng** long for
口渴 **kǒu kě** thirsty
又渴又餓 **yòu kě yòu è** hungry and thirsty

12 strokes

radical
水（氵）

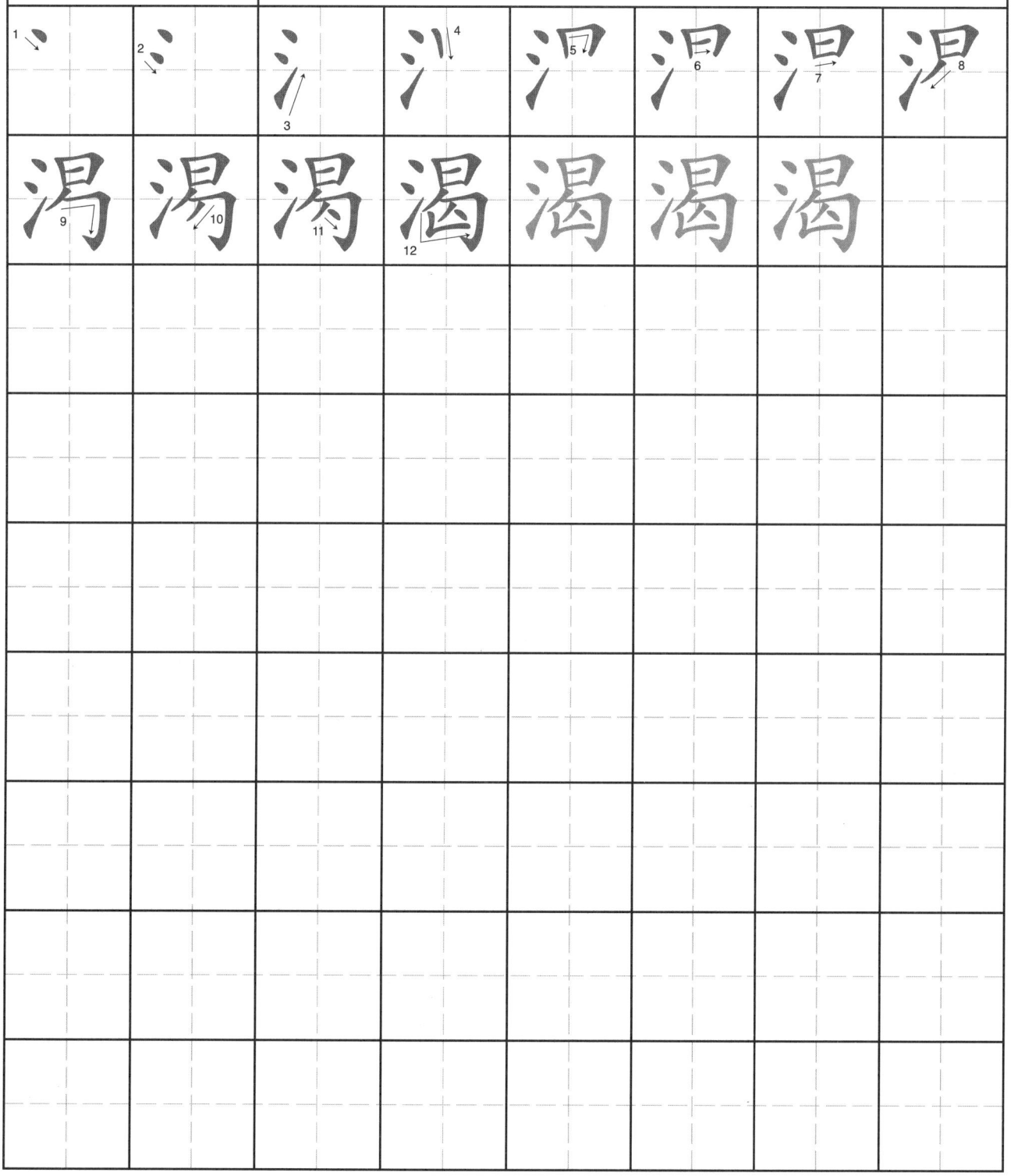

喝

hē/hè 1. drink
2. shout

common words

喝水 **hē shuǐ** drink water
喝茶 **hē chá** drink tea
喝酒 **hē jiǔ** drink alcohol
喝醉 **hē zuì** drunk
喝彩 **hè cǎi** applaud; cheer
請喝 **qǐng hē** please drink
好喝 **hǎo hē** taste good (drinks)

12 strokes

radical
口

茶

chá tea

common words

茶點 **chá diǎn** refreshments
茶葉 **chá yè** tea leaves
茶具 **chá jù** tea set
茶壺 **chá hú** teapot
泡茶 **pào chá** make tea
倒茶 **dào chá** pour tea
奶茶 **nǎi chá** milk tea

10 strokes

radical

艸 (艹)

simplified form

茶

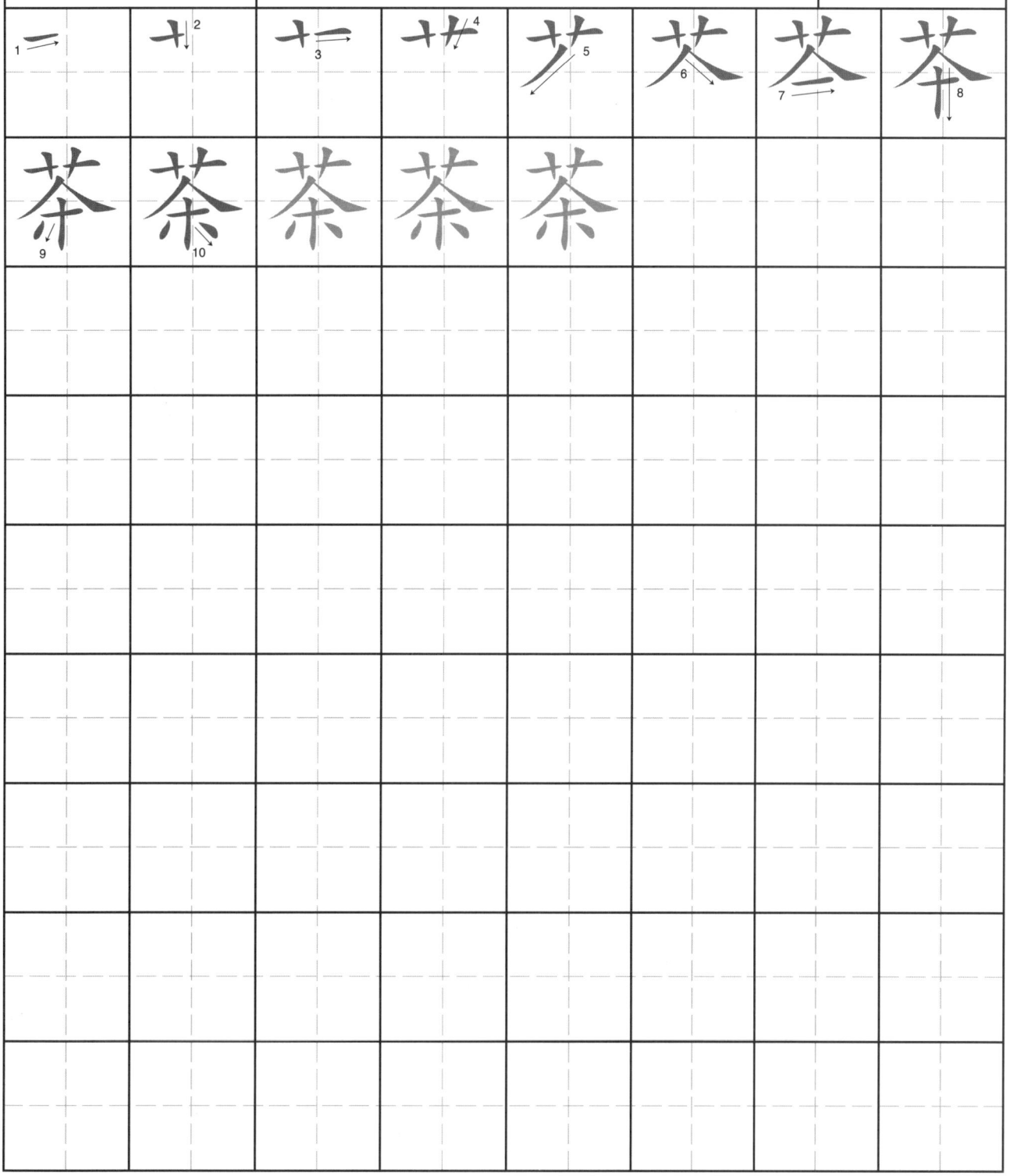

給

gěi 1. give 2. allow 3. for 4. ...to

common words

給以 **gěi yǐ** give
給忘了 **gěi wàng le** forgotten
送給 **sòng gěi** give as a present
賣給 **mài gěi** sell to
借給 **jiè gěi** lend to
嫁給 **jià gěi** marry to (a man)

12 strokes

radical
糸

simplified form
给

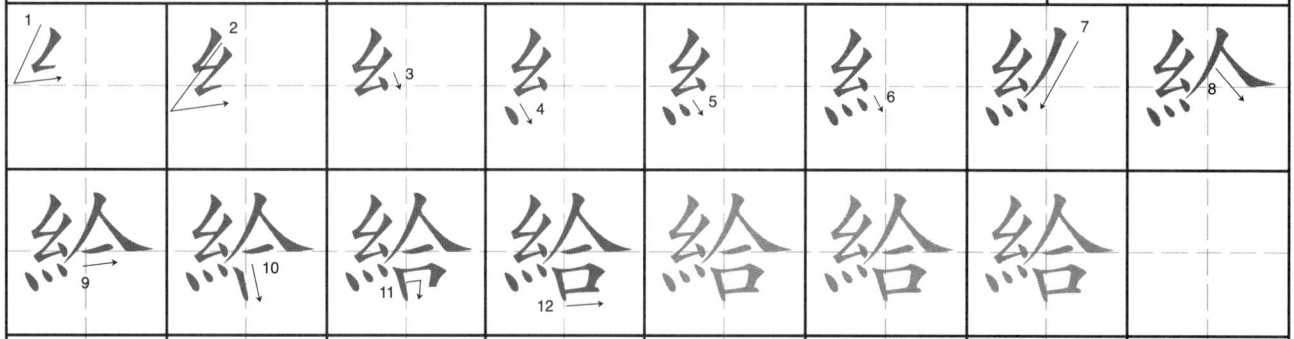

杯

bēi 1. cup
2. measure word

common words

杯子 **bēi zi** cup
茶杯 **chá bēi** teacup
世界杯 **shì jiè bēi** World Cup
一杯冷水 **yī bēi lěng shuǐ** a glass of cold water
两杯咖啡 **liǎng bēi kā fēi** two cups of coffee
三杯热茶 **sān bēi rè chá** three cups of hot tea

8 strokes

radical
木

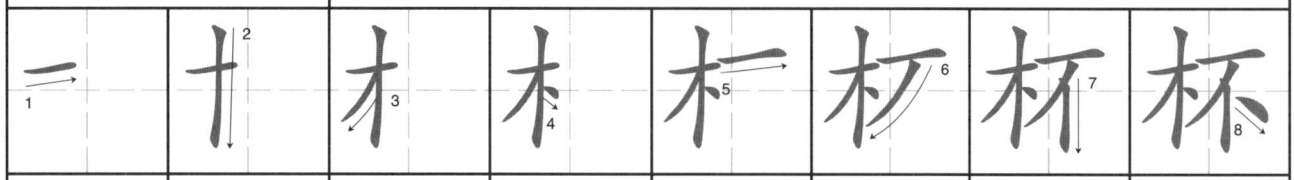

杯 杯 杯

水

shuǐ 1. water 2. liquid

common words

水果 **shuǐ guǒ** fruit
水牛 **shuǐ niú** water buffalo
水池 **shuǐ chí** pond
汗水 **hàn shuǐ** sweat
汽水 **qì shuǐ** fizzy drink
薪水 **xīn shuǐ** salary
香水 **xiāng shuǐ** perfume

4 strokes

radical
水

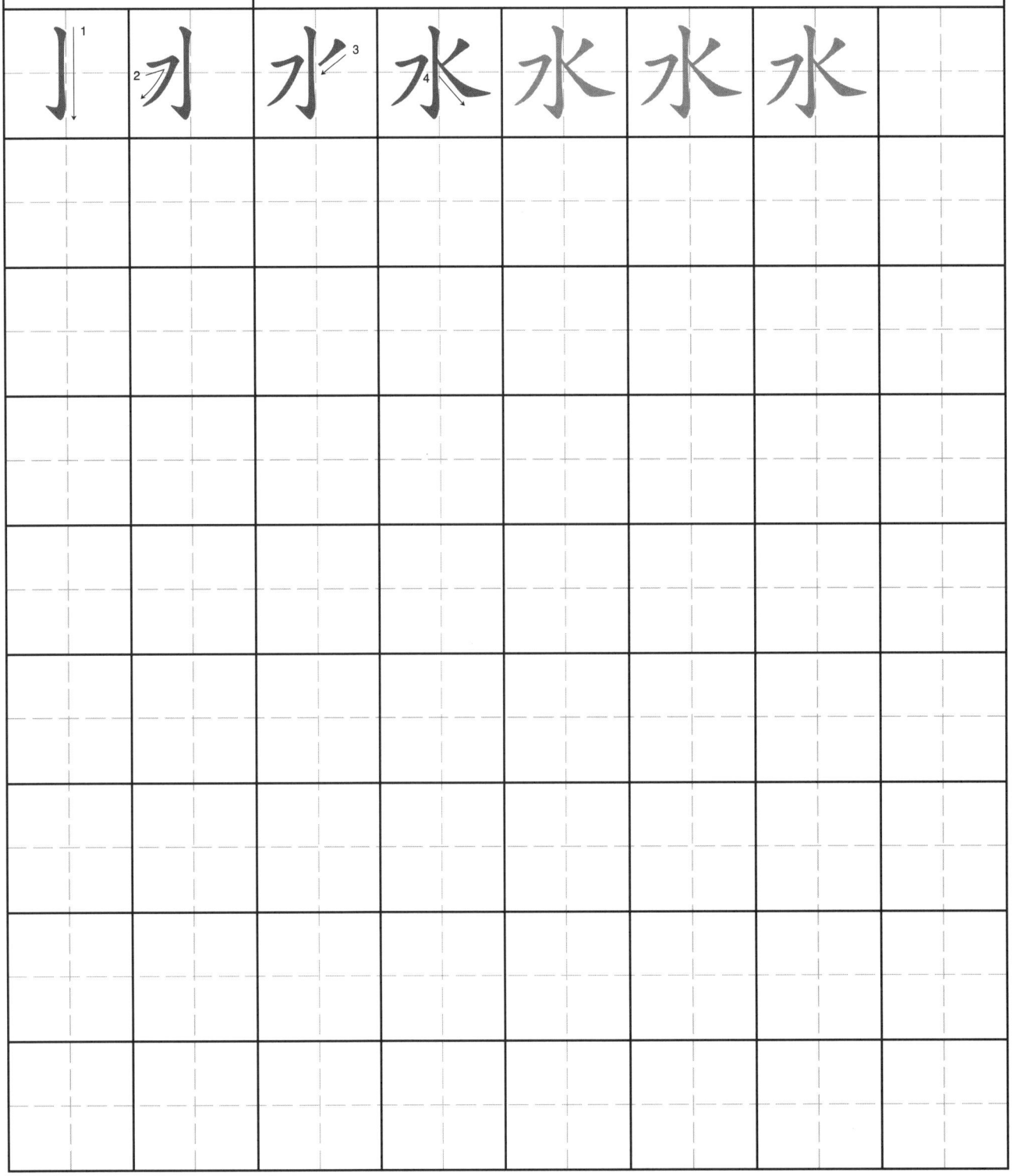

就

jiù 1. and then; then 2. only

common words

就是 **jiù shì** 1. exactly 2. even (though) 3. only
就要 **jiù yào** about to
就算 **jiù suàn** even if
就讀 **jiù dú** study
就任 **jiù rèn** take office
成就 **chéng jiù** achievement

12 strokes

radical
尢

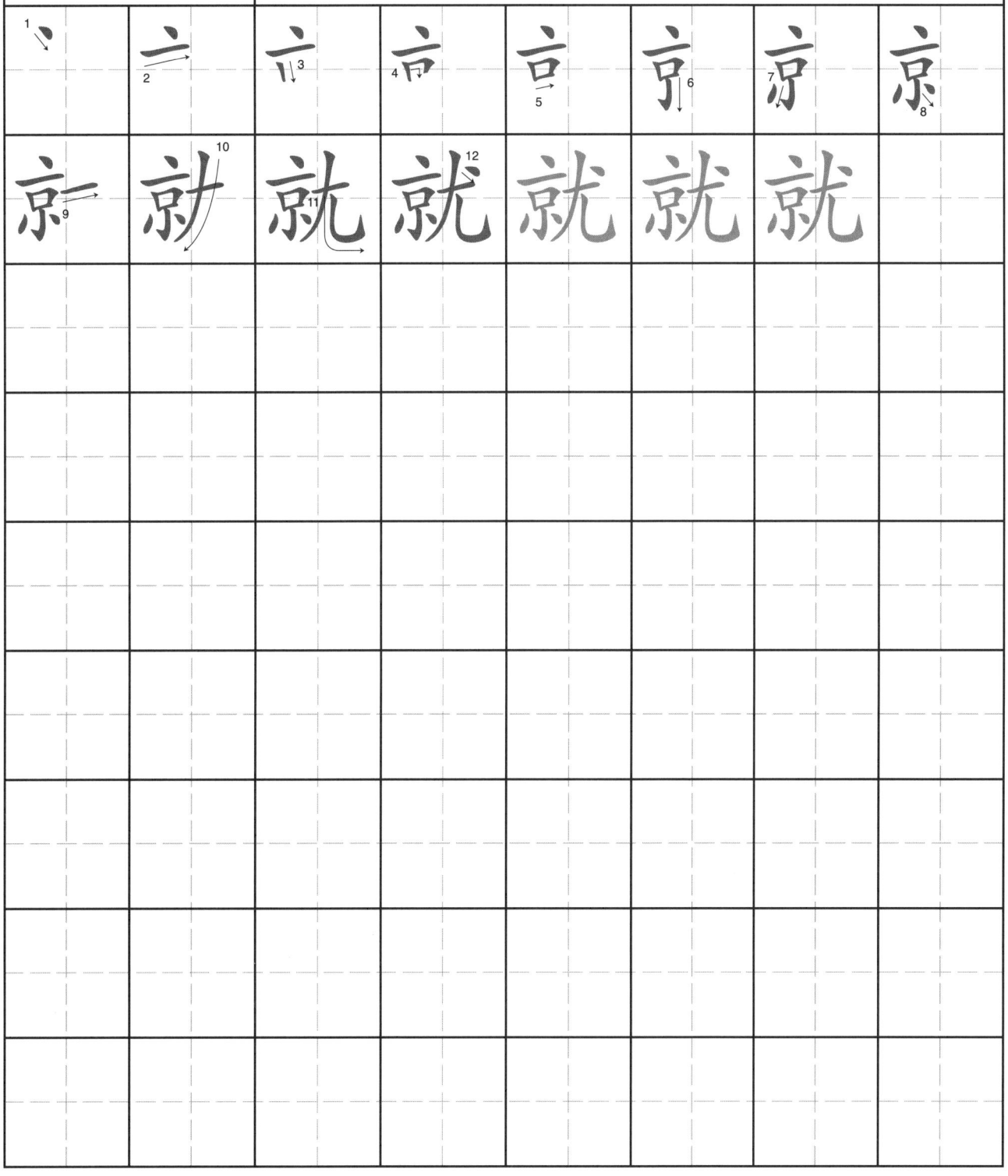

起

qǐ 1. rise
2. happen 3. begin

common words

起來/起身 **qǐ lái/qǐ shēn** get up; rise
起飛 **qǐ fēi** take off
起火 **qǐ huǒ** catch fire
拿起 **ná qǐ** pick up
看不起 **kàn bu qǐ** despise; look down on
對不起 **duì bu qǐ** 1. sorry 2. excuse me
了不起 **liǎo bu qǐ** terrific; incredible

10 strokes

radical
走

simplified form
起

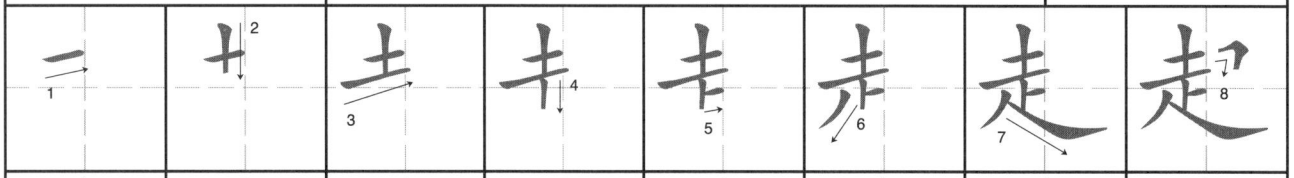

牀

chuáng 1. bed
2. measure word

common words

牀單 **chuáng dān** bedsheet
牀上 **chuáng shàng** on the bed
上牀 **shàng chuáng** go to bed
起牀 **qǐ chuáng** get out (of bed)
雙人牀 **shuāng rén chuáng** double bed
單人牀 **dān rén chuáng** single bed
一牀棉被 **yī chuáng mián bèi** a quilt

8 strokes

radical
爿

simplified form
床

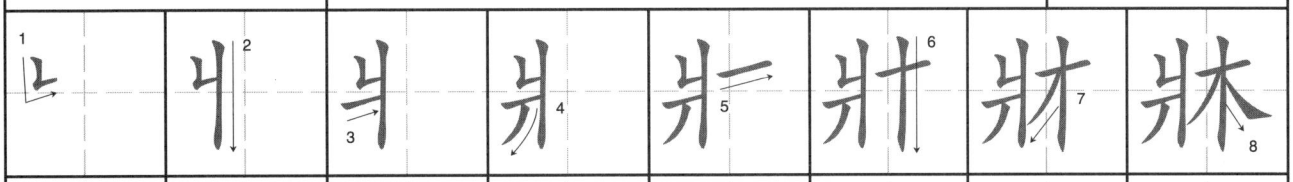

考

kǎo 1. test/exam
2. study; investigate

common words

考題 **kǎo tí** test/exam question
考生 **kǎo shēng** examinee
考上 **kǎo shàng** pass a test/exam
考慮 **kǎo lǜ** consider
考古學 **kǎo gǔ xué** archeology
補考 **bǔ kǎo** resit a test/exam

6 strokes

radical
老

試

shì 1. try; test
2. trial; experiment

common words

試試/試試看 **shì shì/shì shì kàn** try and see
試用 **shì yòng** try out
試驗 **shì yàn** experiment
考試 **kǎo shì** test/exam
口試 **kǒu shì** oral exam
嘗試 **cháng shì** try

13 strokes

radical

言

simplified form

试

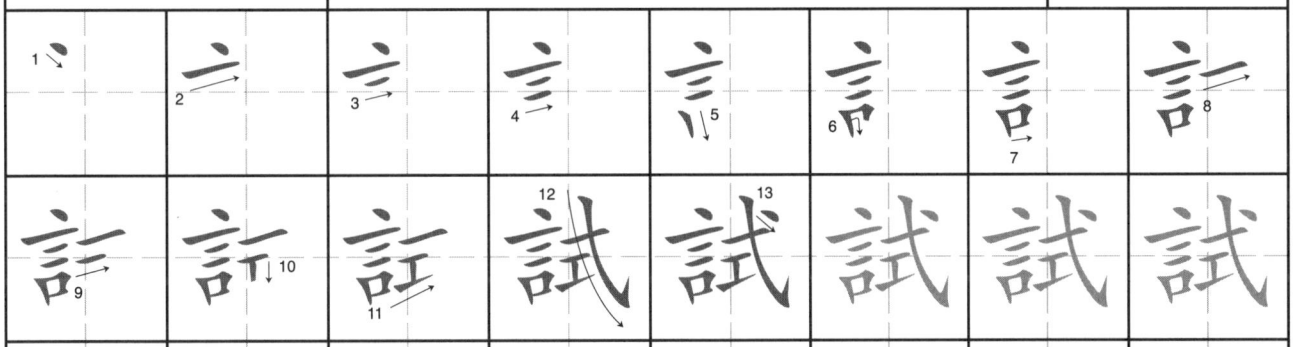

方

fāng 1. square (shape) 2. prescription

common words

方法 **fāng fǎ** method
方向 **fāng xiàng** direction
四方 **sì fāng** 1. square 2. all directions
西方 **xī fāng** west; western
大方 **dà fang** 1. generous 2. elegant
地方 **dì fāng** 1. place 2. part

4 strokes

radical
方

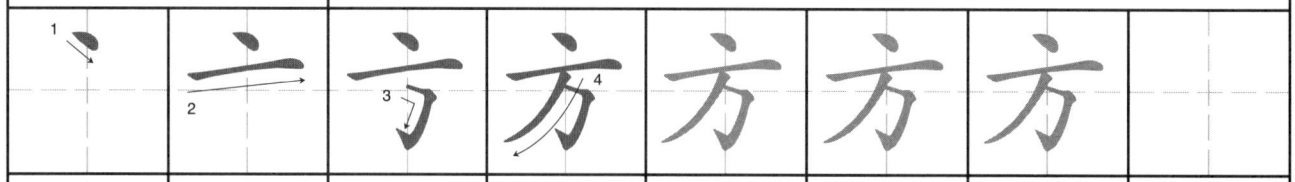

便

biàn/pián 1. casual 2. then 3. excretion

common words

便飯 **biàn fàn** quick meal
便當 **biàn dāng** lunch box
便宜 **pián yi** cheap
方便 **fāng biàn** 1. convenient 2. appropriate 3. relieve oneself
以便 **yǐ biàn** in order to; so that
隨便 **suí biàn** do as one likes; casual

9 strokes

radical
人（亻）

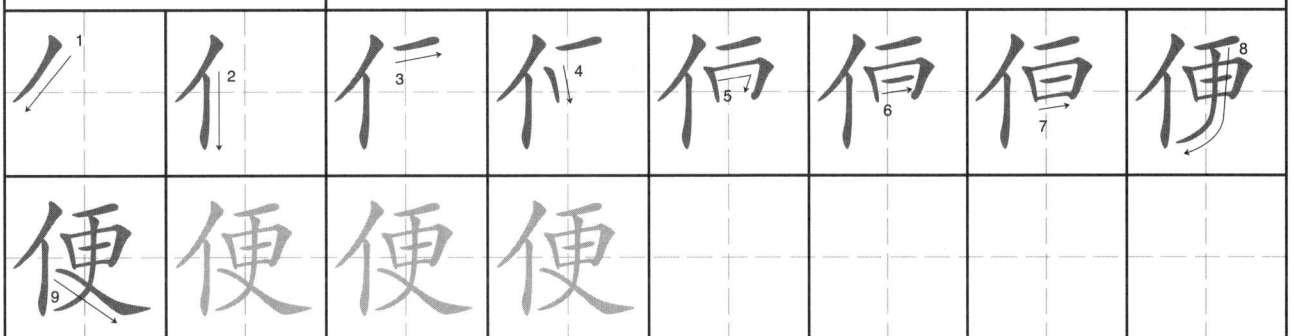

幫

bāng 1. (to) help
2. measure word

common words

幫忙/幫助 **bāng máng/bāng zhù** (to) help; help
幫不上忙 **bāng bù shàng máng** unable to help
幫手 **bāng shǒu** assistant
幫兇 **bāng xiōng** accomplice
四幫人 **sì bāng rén** four gang of people

17 strokes

radical
巾

simplified form
帮

助

zhù (to) help; help

common words

助手/助理 **zhù shǒu/zhù lǐ** assistant
助詞 **zhù cí** auxiliary word
幫助 **bāng zhù** (to) help; help
救助 **jiù zhù** relieve; help
贊助 **zàn zhù** sponsor
助人為樂 **zhù rén wéi lè** take pleasure in helping others

7 strokes

radical
力

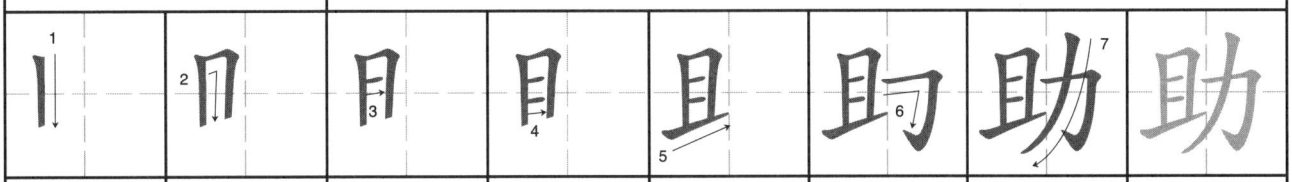

Hanyu Pinyin Index

A

ài 愛 62
ài hào 愛好 62
ài ren 愛人 62
ài shàng 愛上 62
ài shàng wǎng 愛上網 62
ài shuō xiào 愛說笑 75
ài xīn 愛心 62
aī yā 哎呀! 87

B

ba/bā 吧 43
bā lěi wǔ 芭蕾舞 49
bā tái 吧臺 43
bái kāi shuǐ 白開水 72
bǎi kē quán shū 百科全書 36
bàn 半 18
bàn jià 半價 18
bàn kōng 半空 18
bàn tiān 半天 18
bāng 幫 108
bāng bù shàng máng 幫不上忙 108
bāng máng 幫忙 24/108
bāng shǒu 幫手 108
bāng xiōng 幫兇 108
bāng zhù 幫助 108/109
bēi 杯 99
bēi zi 杯子 99
běn lái 本來 85
biàn/pián 便 107
biàn dāng 便當 107
biàn fàn 便飯 107
biǎo xiàn 表現 15
bié/biè 別 81
bié chù 別處 81
bié de 別的 81
bié kè qi 別客氣 81
bié rén 別人 81
bié wàng le 別忘了 81
bù cuò 不錯 51
bù duì 不對 50
bù jiè yì 不介意 88
bù jiǔ 不久 30
bǔ kǎo 補考 104
bù yī yàng 不一樣 12
bù zěn me 不怎麼 11
bù zhǐ 不祇 59
bù zhī bù jué 不知不覺 64

C

cái 才 52
cái néng 才能 52
cái sì suì 才四歲 52
cāi xiǎng 猜想 60
cè suǒ 廁所 55
chá 茶 97
chá bēi 茶杯 99
chá diǎn 茶點 97
chá hú 茶壺 97
chá jù 茶具 97
chá yè 茶葉 97
cháng 常 37
chàng 唱 41
cháng cháng 常常 37
chàng gē 唱歌 41
cháng jiàn 常見 37
cháng jiǔ 長久 30
cháng kè 常客 82
cháng nián 常年 37
chàng piàn 唱片 41
cháng rén 常人 37
cháng shí 常識 14
cháng shì 嘗試 105
chàng xì 唱戲 41
chéng jiù 成就 101
chéng kè 乘客 82
chéng zuò 乘坐 86
chí dào 遲到 66
chū qù 出去 54
chū xiàn 出現 15
chuáng 牀 103
chuáng dān 牀單 103
chuāng kǒu 窗口 94
chuáng shàng 牀上 103
cóng lái 從來 85
cuò 錯 51
cuò guò 錯過 51
cuò jué 錯覺 64
cuò zì 錯字 51

D

dǎ/dá 打 33
dǎ bàn 打扮 33
dà bàn 大半 18
dǎ diàn huà 打電話 33
dà fang 大方 106
dǎ gōng 打工 67
dǎ jià 打架 33
dǎ kāi 打開 33/72
dǎ kē shuì 打瞌睡 63
dà máng rén 大忙人 24
dǎ qiú 打球 34
dǎ sǎo 打掃 33
dǎ suan 打算 33
dǎ tīng 打聽 44
dà xiě 大寫 38
dà yì 大意 73
dǎ yóu 打油 33
dān rén chuáng 單人牀 103
dāng zuò 當作 68
dào 到 66
dào 道 80
dào bié 道別 80
dào chá 倒茶 97
dào chù 到處 66
dào le 到了 66
dào li 道理 80
dào lù 道路 80
dào qiàn 道歉 80
dào xiè 道謝 80
dé dào 得到 66
dé yì 得意 73
dé zhī 得知 79
děng 等 28
děng dài 等待 28
děng dào 等到 28
děng děng 等等 28
děng hòu 等候 28
děng yú 等于 28
dì fāng 地方 106

diàn 電 39
diǎn 點 17
diàn bīng xiāng 電冰箱 39
diǎn cài 點菜 17
diàn chí 電池 39
diàn dēng 電燈 39
diàn huà 電話 39/77
diàn shì 電視 40
diàn shì jī 電視機 40
diǎn tóu 點頭 17
diǎn xīn 點心 17
diàn yǐng 電影 39
diǎnr 點兒 17
dú yīn 讀音 45
duì 對 50
duì bái 對白 50
duì bu qǐ 對不起 50/102
duì fāng 對方 50
duì shǒu 對手 50
dūo bàn 多半 18

E

ér gē 兒歌 42

F

fā jué 發覺 64
fā liàng 發亮 93
fā yīn 發音 45
fǎn duì 反對 50
fāng 方 106
fàng 放 71
fāng biàn 方便 107
fāng cái 方才 52
fāng fǎ 方法 106
fàng huǒ 放火 71
fàng jià 放假 71
fàng kāi 放開 71
fáng lǐ 房裡 57
fàng pì 放屁 71
fàng shǒu 放手 71
fàng xià 放下 71
fāng xiàng 方向 106
fàng xīn 放心 71
fēn/fèn 分 19
fēn bié 分別 19/81
fēn gōng 分工 19
fēn kāi 分開 72
fèn liàng 分量 19
fēn shǒu 分手 19
fēn xīn 分心 19
fēn zhōng 分鐘 20

G

gǎi jìn 改進 84
gǎn kuài 趕快 70
gāng cái 剛才 52
gāo 高 90
gāo ǎi 高矮 90
gāo chàng 高唱 41
gǎo cuò 搞錯 51
gāo dà 高大 90
gāo děng 高等 90
gāo dī 高低 90
gāo dì 高地 90
gāo jiàn 高見 90
gāo shǒu 高手 90
gāo xìng 高興 91
gào zhī 告知 79
gē 歌 42
gē chàng 歌唱 41
gē mí 歌迷 42
gē shǒu 歌手 42
gē wǔ 歌舞 49
gē xīng 歌星 42
gěi 給 98
gěi wàng le 給忘了 98
gěi yǐ 給以 98
gōng 工 67
gōng chǎng 工廠 67
gōng jù 工具 67
gōng qian 工錢 67
gōng rén 工人 67
gōng rèn 公認 13
gōng xǐ 恭喜 26
gōng zī 工資 67
gōng zuò 工作 67
gù yì 故意 73
guó gē 國歌 42
guò qù 過去 54

H

hái/huán 還 25
hái hǎo 還好 25
hái kě yǐ 還可以 16
hái méi 還沒 25
hái shi 還是 25
hái yào 還要 25
hái yǒu 還有 25
hàn shuǐ 汗水 100
hǎo ba 好吧 43
hǎo hē 好喝 96
hǎo jiǔ 好久 30
hào wán 好玩 61
hǎo wán 好玩 61
hē/hè 喝 96
hè cǎi 喝彩 96
hē chá 喝茶 96
hé chàng 合唱 41
hē jiǔ 喝酒 96
hē shuǐ 喝水 96
hē zuì 喝醉 96
hé zuò 合作 68
hěn 很 23
hěn ǎi 很矮 23
hěn cháng 很長 23
hěn dī 很低 23
hěn duǎn 很短 23
hěn gāo 很高 23
hěn kuài 很快 23
hěn màn 很慢 23
hòu 後 69
hòu bian 後邊 69
hòu fù 後父 69
hòu lái 後來 69
hòu mén 後門 69
hòu miàn 後面 69
hòu tiān 後天 69
huà 話 77
huà jù 話劇 77
huà tí 話題 77
huā yàng 花樣 12
huài huà 壞話 77
huān 歡 27
huán/hái 還 25
huān hū 歡呼 27
huán jià 還價 25
huān lè 歡樂 27/46

huán shū	還書	25
huān sòng	歡送	27
huān xǐ	歡喜	26
huān xiào	歡笑	27
huān xīn	歡心	27
huān yíng	歡迎	27
huí	回	53
huì	會	47
huì bu huì	會不會(?)	47
huí dá	回答	53
huí dào	回到	66
huí diàn	回電	39
huì hé	會合	47
huì huà	會話	47
huí jiā	回家	53
huí lái	回來	53
huí qù	回去	54
huí xiǎng	回想	53

J

jī huì	機會	47
jí máng	急忙	24
jǐ suì	幾歲(?)	10
jià gěi	嫁給	98
jiā kuài	加快	70
jiā lǐ	家裡	57
jiào/jué	覺	64
jiè	介	88
jiè cí	介詞	88
jiē dào	街道	80
jiè gěi	借給	98
jiè rù	介入	88
jiè shào	介紹	88/89
jiè shào xìn	介紹信	89
jiè yì	介意	88
jìn	進	84
jìn bù	進步	84
jīn hòu	今後	69
jìn lái	進來	84
jìn qù	進去	84
jìn rù	進入	84
jìn shì	近視	40
jìn xíng	進行	84
jìng zuò	靜坐	86
jué/jiào	覺	64
jiǔ	久	30
jiù	就	101
jiǔ bā	酒吧	43
jiǔ děng	久等	30
jiǔ diǎn bàn	九點半	18
jiù dú	就讀	101
jiǔ jiǔ	久久	30
jiù rèn	就任	101
jiù shì	就是	101
jiù suàn	就算	101
jiù yào	就要	78/101
jiù zhù	救助	109
jué de	覺得	64

K

kāi	開	72
kāi chē	開車	72
kāi fàng	開放	72
kāi huā	開花	72
kāi huì	開會	47
kāi wán xiào	開玩笑	61
kāi xīn	開心	72
kàn/kān	看	35
kàn bìng	看病	35
kàn bu qǐ	看不起	35/102
kàn diàn yǐng	看電影	35
kān hái zi	看孩子	35
kàn jiàn	看見	35
kàn kan	看看	35
kàn lái	看來	85
kàn shū ba	看書吧	43
kǎo	考	104
kǎo gǔ xué	考古學	104
kǎo lǜ	考慮	104
kǎo shàng	考上	104
kǎo shēng	考生	104
kǎo shì	考試	105
kǎo tí	考題	104
kě	可	16
kě	渴	95
kè	客	82
kě ài	可愛	62
kè fáng	客房	82
kè hù	客戶	82
kě jiàn	可見	16
kě kǒu	可口	16
kě néng	可能	16
kè qi	客氣	82
kě qiú	渴求	95
kè rén	客人	82
kě shì	可是	16
kè tīng	客廳	82
kè wài	課外	58
kě wàng	渴望	95
kě xǐ	可喜	26
kě xiào	可笑	16
kě yǐ	可以	16
kòng/kōng	空	76
kòng bái	空白	76
kōng huà	空話	77
kōng qì	空氣	76
kòng wèi	空位	76
kōng zhōng	空中	76
kǒu	口	94
kǒu cái	口才	52
kǒu dai	口袋	94
kǒu hóng	口紅	94
kǒu kě	口渴	95
kǒu qì	口氣	94
kǒu shì	口試	105
kǒu yīn	口音	45
kuài	快	70
kuài cān	快餐	70
kuài chē	快車	70
kuài diǎnr	快點兒	70
kuài le	快了	70
kuài lè	快樂	46/70
kuài yào	快要	70

L

lái	來	85
lái bu jí	來不及	85
lái dào	來到	85
lái ya	來呀	87
lán qiú	藍球	34
lǎo tài pó	老太婆	29
lǎo tài tai	老太太	29
lè/yuè	樂	46
lè yì	樂意	46
lè yuán	樂園	46
lǐ	裡	57
lǐ bian	裡邊	57
lǐ miàn	裡面	57

lǐ tou 裡頭 57
liàng 亮 93
liǎng bēi kā fēi 兩杯咖啡 99
liàng guāng 亮光 93
liàng jīng jīng 亮晶晶 93
liǎng suǒ yī yuàn 兩所醫院 55
liǎng yàng 兩樣 12
liǎo bu qǐ 了不起 102
lín lǐ 鄰裡 57
lìng yī bàn 另一半 18

M

mài chàng 賣唱 41
mài gěi 賣給 98
máng 忙 24
máng bu máng 忙不忙(?) 24
máng lù 忙碌 24
máng zhe 忙着 24
méi cuò 沒錯 51
méi yì si 沒意思 74
mén kǒu 門口 94
mén wài 門外 58
míng liàng 明亮 93
míng zhī 明知 79
mò 末 32
mò bān chē 末班車 32
mò liǎo 末了 32
mò qī 末期 32
mò rì 末日 32
mò wěi 末尾 32

N

ná dào 拿到 66
ná huí 拿回 53
ná qǐ 拿起 102
nǎi chá 奶茶 97
nán kàn 難看 35
nòng cuò 弄錯 51

P

pào chá 泡茶 97
pián/biàn 便 107
pián yi 便宜 107
piāo/piǎo/piào 漂 92
piǎo bái 漂白 92
piāo fú 漂浮 92
piào liang 漂亮 92
piāo liú 漂流 92
píng cháng 平常 37
píng děng 平等 28

Q

qǐ 起 102
qì 氣 83
qǐ chuáng 起牀 103
qǐ fēi 起飛 102
qì hòu 氣候 83
qǐ huǒ 起火 102
qǐ lái 起來 85/102
qì lì 氣力 83
qì qiú 氣球 83
qǐ shēn 起身 102
qì shuǐ 汽水 100
qì sǐ 氣死 83
qì sǐ rén 氣死人 83
qì wèi 氣味 83
qǐ yīn 起因 21
qíng gē 情歌 42
qǐng hē 請喝 96
qiú 球 34
qiú chǎng 球場 34
qiú duì 球隊 34
qiú xié 球鞋 34
qiú yuán 球員 34
qù 去 54
qù guò 去過 54
qù nián 去年 54
qù shì 去世 54

R

rán hòu 然後 69
rèn 認 13
rén cái 人才 52
rèn cuò 認錯 13
rèn de 認得 13
rèn kě 認可 13
rèn shi 認識 14
rèn shū 認輸 13
rèn tóng 認同 13
rèn wéi 認為 13
rì cháng 日常 37
rù kǒu 入口 94

S

sān bēi rè chá 三杯熱茶 99
sān diǎn 三點 17
sān diǎn zhōng 三點鐘 17
sǎo xīng 掃興 91
shǎn diàn 閃電 39
shàng chuáng 上牀 103
shàng děng 上等 28
shàng jìn 上進 84
shào 紹 89
shào jiè 紹介 89
shēng qì 生氣 83
shēng yīn 聲音 45
shí 識 14
shì 視 40
shì 試 105
shí bié 識別 14
shí cháng 時常 37
shì jiè bēi 世界杯 99
shì shì 試試 105
shì shì kàn 試試看 105
shì yàn 試驗 105
shì yòng 試用 105
shì lì 視力 40
shī qù 失去 54
shì wéi 視為 40
shí zì 識字 14
shū 書 36
shū bāo 書包 36
shū běn 書本 36
shū diàn 書店 36
shū fáng 書房 36
shuāng rén chuáng 雙人牀 103
shuǐ 水 100
shuì 睡 63
shuì bǎo 睡飽 63
shuǐ chí 水池 100
shuǐ guǒ 水果 100
shuì jiào 睡覺 64
shuǐ niú 水牛 100

shuì xǐng 睡醒 63
shuì yī 睡衣 63
shuì zháo 睡着 63
shuō 說 75
shuō bu dìng 說不定 75
shuō dà huà 說大話 75
shuō dào 說到 66
shuō huà 說話 75
shuō huǎng 說謊 75
shuō míng 說明 75
shuō míng shū 說明書 36
sī 思 74
sì bāng rén 四幫人 108
sì fāng 四方 106
sī kǎo 思考 74
sī xiǎng 思想 74
sì zhōu 四週 31
sòng gěi 送給 98
suì 歲 10
suí biàn 隨便 107
suì shu 歲數 10
suì yuè 歲月 10
suǒ 所 55
suǒ yǐ 所以 56
suǒ yǒu 所有 55
suǒ zài 所在 55

T

tài 太 29
tài hǎo le 太好了 29
tài kōng 太空 29
tài máng le 太忙了 24
tài píng 太平 29
tài tai 太太 29
tài yáng 太陽 29
tài zi 太子 29
tè bié 特別 81
tiān cái 天才 52
tiān kōng 天空 76
tián xiě 填寫 38
tiào 跳 48
tiào bān 跳班 48
tiào gāo 跳高 48
tiào sǎn 跳傘 48
tiào shuǐ 跳水 48
tiào wǔ 跳舞 49
tiào yuǎn 跳遠 48
tīng 聽 44
tīng dào 聽到 44
tíng gōng 停工 67
tīng huà 聽話 44
tīng jiàn 聽見 44
tīng shuō 聽說 44
tīng xiě 聽寫 44
tīng zhòng 聽眾 44
tóng suì 同歲 10
tóng yàng 同樣 12
tóng yì 同意 73
tōng zhī 通知 79
tú shū guǎn 圖書館 36

W

wài 外 58
wài kuài 外快 70
wài mài 外賣 58
wài pó 外婆 58
wài rén 外人 58
wài sūn 外孫 58
wán 玩 61
wán jù 玩具 61
wán nòng 玩弄 61
wán shuǎ 玩耍 61
wèi/wéi 為 22
wèi dào 味道 80
wèi kǒu 胃口 94
wèi le 為了 22
wéi nán 為難 22
wéi rén 為人 22
wèi shěn me 為什麼(?) 22
wéi shēng 為生 22
wéi qī 為期 22
wéi zhǐ 為止 22
wǔ 舞 49
wǔ bàn 舞伴 49
wǔ fēn 五分 19
wǔ fēn zhōng 五分鐘 19
wǔ huì 舞會 49
wǔ jiào 午覺 64
wū lǐ 屋裡 57
wǔ tái 舞臺 49

X

xǐ 喜 26
xǐ ài 喜愛 26
xī fāng 西方 106
xǐ huān 喜歡 26
xǐ jiǔ 喜酒 26
xǐ shì 喜事 26
xià děng 下等 28
xià huí 下回 53
xiàn 現 15
xiàn chǎng 現場 15
xiàn chéng 現成 15
xiān jìn 先進 84
xiàn jīn 現金 15
xiàn zài 現在 15
xiǎng 想 60
xiǎng bu dào 想不到 60
xiǎng chū 想出 60
xiǎng dào 想到 60
xiǎng qǐ 想起 60
xiāng shuǐ 香水 100
xiǎng shuì 想睡 63
xiǎng xiǎng kàn 想想看 60
xiǎng yào 想要 60
xiào huà 笑話 77
xiǎo kàn 小看 35
xiǎo qì 小氣 83
xiǎo shuō 小說 75
xiǎo xiě 小寫 38
xiǎo yì si 小意思 74
xiě 寫 38
xiě cuò 寫錯 51
xiě shēng 寫生 38
xiě xìn 寫信 38
xiě zì 寫字 38
xiě zuò 寫作 38
xīn lǐ 心裡 57
xīn shuǐ 薪水 100
xīn si 心思 74
xīn tiào 心跳 48
xìng/xīng 興 91
xīng chōng chōng 興衝衝 91
xīng fèn 興奮 91
xīng fèn jì 興奮劑 91
xìng qù 興趣 91

xū yào 須要 78

Y

yā/ya 呀! 87
yàng 樣 12
yàng běn 樣本 12
yàng zi 樣子 12
yào/yāo 要 78
yào bù 要不 78
yào bu rán 要不然 78
yào diǎn 要點 17
yào hǎo 要好 78
yào jǐn 要緊 78
yāo qiú 要求 78
yào shì 要是 78
yǐ 以 56
yì 意 73
yī bēi lěng shuǐ 一杯冷水 99
yǐ biàn 以便 107
yī chuáng mián bèi 一牀棉被 103
yī diǎnr 一點兒 17
yǐ hòu 以後 56
yǐ jí 以及 56
yì jiàn 意見 73
yǐ qián 以前 56
yǐ shàng 以上 56
yì si 意思 74
yǐ wài 以外 56
yì wài 意外 73
yǐ wéi 以為 56
yī yàng 一樣 12
yǐ zhī 已知 79
yīn 因 21
yīn 音 45
yīn cǐ 因此 21
yīn ér 因而 21
yīn wèi 因為 21
yīn yuè 音樂 45
yīn yuè huì 音樂會 45
yīn yuè jiā 音樂家 45
yǒng jiǔ 永久 30
yòu kě yòu è 又渴又餓 95
yǒu kòng 有空 76
yóu wán 遊玩 61
yóu xǐ 有喜 26
yǒu yì 有意 73
yǒu yì si 有意思 74
yǔ diǎn 雨點 17
yú kuài 愉快 70
yuán gōng 員工 67
yuán lái rú cǐ 原來如此 85
yuǎn shì 遠視 40
yuán yīn 原因 21
yuè/lè 樂 46
yuè duì 樂隊 46
yuē huì 約會 47
yuè liàng 月亮 93
yuè qì 樂器 46

Z

zài shuō ba 再說吧 43
zàn zhù 贊助 109
zěn 怎 11
zěn me 怎麼(?) 11
zěn me dé liǎo 怎麼得了 11
zěn me huí shì 怎麼回事(?) 11
zěn me yàng 怎麼樣(?) 11
zěn yàng 怎樣(?) 11
zhǎo 找 65
zhǎo chū 找出 65
zhǎo dào 找到 65
zhǎo gōng zuò 找工作 65
zhào liàng 照亮 93
zhǎo qián 找錢 65
zhǎo rén 找人 65
zhǎo shì zuò 找事作 65
zhǎo xún 找尋 65
zhè yàng 這樣 12
zhěn suǒ 診所 55
zhèng cháng 正常 37
zhī 知 79
zhǐ 祇 59
zhǐ bu guò 祇不過 59
zhī dào 知道 79
zhǐ dé 祇得 59
zhǐ hǒu 祇好 59
zhī jǐ 知己 79
zhī shi 知識 14
zhǐ shì 祇是 59
zhǐ yào 祇要 59
zhǐ yǒu 祇有 59
zhōng 鐘 20
zhōng biǎo 鐘表 20
zhōng shēng 鐘聲 20
zhōng tóu 鐘頭 20
zhōng qíng 鐘情 20
zhòng yào 重要 78
zhōu 週 31
zhōu dào 週到 31
zhōu mò 週末 31/32
zhōu nián 週年 31
zhōu rì 週日 31
zhōu shēn 週身 31
zhōu suì 週歲 10
zhōu wéi 週圍 31
zhù 助 109
zhù cí 助詞 109
zhù lǐ 助理 109
zhù rén wéi lè 助人為樂 109
zhù shǒu 助手 109
zhù suǒ 住所 55
zhù yì 注意 73
zǒu ba 走吧 43
zǒu kāi 走開 72
zú qiú 足球 34
zuì hòu 最後 69
zuò 坐 86
zuò/zuō 作 68
zuò chuán 坐船 86
zuò cuò 做錯 51
zuò duì 作對 50
zuò fēi jī 坐飛機 86
zuò gōng 做工 67
zuò jiā 作家 68
zuò kè 作客 68
zuò láo 坐牢 86
zuò lè 作樂 68
zuō nòng 作弄 68
zuò wèi 坐位 86
zuò xià 坐下 86
zuò yè 作業 68
zuò zhě 作者 68

Radical Index

1 stroke

[丿]

久	jiǔ	30

2 strokes

[亠]

亮	liàng	93

人 [亻]

以	yǐ	56
作	zuò/zuō	68
來	lái	85
介	jiè	88
便	biàn/pián	107

[十]

半	bàn	18

[厶]

去	qù	54

刀 [刂]

分	fēn/fèn	19
到	dào	66
別	bié/biè	81

[力]

助	zhù	109

3 strokes

[口]

可	kě	16
喜	xǐ	26
唱	chàng	41
吧	ba/bā	43
呀	yā/ya	87
口	kǒu	94
喝	hē/hè	96

[土]

坐	zuò	86

[夕]

外	wài	58

[口]

因	yīn	21
回	huí	53

[大]

太	tài	29

[宀]

寫	xiě	38
客	kè	82

[寸]

對	duì	50

[工]

工	gōng	67

[巾]

常	cháng	37
幫	bāng	108

[彳]

很	hěn	23
後	hòu	69

[尢]

就	jiù	101

4 strokes

心 [忄]

怎	zěn	11
忙	máng	24
想	xiǎng	60
愛	ài	62
快	kuài	70
意	yì	73
思	sī	74

[户]

所	suǒ	55

[曰]

書	shū	36
會	huì	47

手 [扌]

打	dǎ/dá	33
才	cái	52
找	zhǎo	65

[攴]

放	fàng	71

[方]

方	fāng	106

[木]

樣	yàng	12
末	mò	32
樂	yuè/lè	46
杯	bēi	99

[止]

歲	suì	10

[气]

氣	qì	83

水 [氵]

漂	piāo/piǎo/piào	92
渴	kě	95
水	shuǐ	100

火 [灬]
為 wèi/wéi 22

[欠]
歡 huān 27
歌 gē 42

[爿]
牀 chuáng 103

5 strokes

[玉]
現 xiàn 15
球 qiú 34
玩 wán 61

[目]
看 kàn/kān 35
睡 shuì 63

示 [礻]
視 shì 40

[矢]
知 zhī 79

[穴]
空 kòng/kōng 76

6 strokes

竹 [⺮]
等 děng 28

[糸]
紹 shào 89
給 gěi 98

[老]
考 kǎo 104

[耳]
聽 tīng 44

[臼]
興 xìng/xīng 91

[舛]
舞 wǔ 49

艸 [艹]
茶 chá 97

衣 [衤]
裡 lǐ 57
衹 zhǐ 59

襾 [西]
要 yào/yāo 78

7 strokes

[見]
覺 jiào/jué 64

[言]
認 rèn 13
識 shí 14
說 shuō 75
話 huà 77
試 shì 105

[走]
起 qǐ 102

足 [⻊]
跳 tiào 48

辵 [辶]
還 hái/huán 25
週 zhōu 31
道 dào 80
進 jìn 84

8 strokes

[金]
鐘 zhōng 20
錯 cuò 51

[門]
開 kāi 72

[雨]
電 diàn 39

9 strokes

[音]
音 yīn 45

10 strokes

[高]
高 gāo 90

12 strokes

[黑]
點 diǎn 17

English–Chinese Index

A

a quilt 一牀棉被 yī chuáng mián bèi *103*
a glass of cold water 一杯冷水 yī bēi lěng shuǐ *99*
a little/a bit 一點兒/點兒 yī diǎnr/diǎnr *17*
a long time 半天 bàn tiān *18*; 好久 hǎo jiǔ *30*
ability 才能 cái néng *52*
able to 會 huì *47*
able to(?) 會不會(?) huì bu huì *47*
about to 就要 jiù yào *78, 101*
above 以上 yǐ shàng *56*
accelerate 加快 jiā kuài *70*
accent 口音 kǒu yīn *45*
accident 意外 yì wài *73*
accomplice 幫兇 bāng xiōng *108*
according to 以 yǐ *56*
achieve 得到 dé dào *66*
achievement 成就 chéng jiù *101*
acknowledge 公認 gōng rèn *13*
act as 為 wéi *22*
admit 認 rèn *13*
admit defeat 認輸 rèn shū *13*
admit one's mistake 認錯 rèn cuò *13*
adorable 可愛 kě ài *62*
advanced 先進 xiān jìn *84*
after 後 hòu *69*
affection 愛心 ài xīn *62*
after/afterward 以後 yǐ hòu *56*
afterward 後來/然後 hòu lái/rán hòu *69*
afternoon nap 午覺 wǔ jiào *64*
against 反對 fǎn duì *50*
age 歲數 suì shu *10*
agree/accept 同意 tóng yì *73*
Ah! 哎呀!/呀! aī yā/yā *87*
air 空氣 kōng qì *76*
alike 一樣/同樣 yī yàng/tóng yàng *12*
all 所有 suǒ yǒu *55*
all along 從來 cóng lái *85*
all directions 四方 sì fāng *106*
all over the body 週身 zhōu shēn *31*
all right 還可以 hái kě yǐ *16*; 還好 hài hǎo *25*
all year round 常年 cháng nián *37*
allow 給 gěi *98*
already know 已知 yǐ zhī *79*
amount 分量 fèn liàng *19*
and 以及 yǐ jí *56*
...and so on 等等 děng děng *28*
and then 後來/然後 hòu lái/rán hòu *69*; 就 jiù *101*
angry 氣/生氣 qì/shēng qì *83*
anniversary 週年 zhōu nián *31*
answer 回答 huí dá *53*
apologize 道歉 dào qiàn *80*
appear 出現 chū xiàn *15*; 來 lái *85*
appear to be 看來 kàn lái *85*
appearance 樣/樣子 yàng/yàng zi *12*
appetite 胃口 wèi kǒu *94*
applaud 喝彩 hè cǎi *96*
appointment 約會 yuē huì *47*
appropriate 方便 fāng biàn *107*
approve 認同/認可 rèn tóng/rèn kě *13*
archeology 考古學 kǎo gǔ xué *104*
arrive 到 dào *66*; 來到 lái dào *85*
arrived 到了 dào le *66*
around 週/週圍/四週 zhōu/zhōu wéi/sì zhōu *31*
as a result 因而 yīn ér *21*
as well as 以及 yǐ jí *56*
assistant 幫手 bāng shǒu *108*; 助手/助理 zhù shǒu/zhù lǐ *109*
ask/inquire 打聽 dǎ tīng *44*
ask for 要 yāo *78*
assemble 會合 huì hé *47*
at ease 放心 fàng xīn *71*
at first 本來 běn lái *85*
at last 最後 zùi hòu *69*
at present 現在 xiàn zài *15*
at the end 末了 mò liǎo *32*
audience 聽眾 tīng zhòng *44*
author 作家/作者 zuò jiā/zuò zhě *68*
auxiliary word 助詞 zhù cí *109*

B

babysit 看孩子 kān hái zi *35*
back 後/後面/後邊 hòu/hòu miàn/hòu bian *69*
back door 後門 hòu mén *69*
ball 球 qiú *34*
ball (dance) 舞會 wǔ huì *49*
ball-shaped object 球 qiú *34*
ballet 芭蕾舞 bā lěi wǔ *49*
balloon 氣球 qì qiú *83*
band 樂隊 yuè duì *46*
bar top 吧臺 bā tái *43*
basketball 藍球 lán qiú *34*
bathroom 廁所 cè suǒ *55*
battery 電池 diàn chí *39*
be a guest 作客 zuò kè *68*
beat 跳 tiào *48*

beautiful 漂亮 piào liang *92*
because (of) 因/因為 yīn/yīn wèi *21*; 以 yǐ *56*
bed 牀 chuáng *103*
bedsheet 牀單 chuáng dān *103*
been to (a place) 去過 qù guò *54*
before 以前 yǐ qián *56*
befriend 要好 yào hǎo *78*
begin 起 qǐ *102*
behind 後/後面/後邊 hòu/hòu miàn/hòu bian *69*
believe/think 以為 yǐ wéi *56*
bell 鐘 zhōng *20*
between 介 jiè *88*
beyond 以外 yǐ wài *56*
bid farewell 道別 dào bié *80*
blank 空白 kòng bái *76*
bleach 漂白 piǎo bái *92*
bloom 開 kāi *72*
(to) boast 說大話 shuō dà huà *75*
boiled water 白開水 bái kāi shǔi *72*
book 書/書本 shū/shū běn *36*
bookstore 書店 shū diàn *36*
bosom friend 知己 zhī jǐ *79*
bounce 跳 tiào *48*
break up (a relationship) 分手 fēn shǒu *19*
break wind 放屁 fàng pì *71*
bright 亮/明亮 liàng/míng liàng *93*
broad jump 跳遠 tiào yuǎn *48*
busking 賣唱 mài chàng *41*
busy 忙/忙碌 máng/máng lù *24*
busy? 忙不忙? máng bu máng *24*
busy with something 忙着 máng zhe *24*
but 可是 kě shì *16*; 衹不過 zhǐ bu guò *59*
buy petrol 打油 dǎ yóu *33*
by means of 以 yǐ *56*
by the time that... 等到 děng dào *28*

C

can 可/可以 kě/kě yǐ *16*; 會 huì *47*
cannot make it 來不及 lái bu jí *85*
careless 大意 dà yì *73*
carry out 進行 jìn xíng *84*
cash 現金 xiàn jīn *15*
casual 便/隨便 biàn/suí biàn *107*
catch fire 起火 qǐ huǒ *102*
cause/origin 因/起因 yīn/qǐ yīn *21*
cheap 便宜 piàn yi *107*
cheer 歡呼 huān hū *27*; 喝彩 hè cǎi *96*
clean up 打掃 dǎ sǎo *33*
clinic 診所 zhěn suǒ *55*
clock 鐘 zhōng *20*
clocks and watches 鐘表 zhōng biǎo *20*
come 來 lái *85*
come back 回來 huí lái *53*
come in 進來 jìn lái *84*
commit arson 放火 fàng huǒ *71*
common 常 cháng *37*
common sense 常識 cháng shí *14*
commonplace 常見 cháng jiàn *37*
compare/check 對 duì *50*
complacent 得意 dé yì *73*
compose 寫 xiě *38*
composer 作家/作者 zuò jiā/zuò zhě *68*
composition 寫作 xiě zuò *38*
concert 音樂會 yīn yuè huì *45*
(a person's) conduct/behavior 為人 wéi rén *22*
congratulate 恭喜 gōng xǐ *26*
connect 紹 shào *89*
consider 思 sī *74*; 考慮 kǎo lǜ *104*
consider to be 當作 dāng zuò *68*
consult a doctor 看病 kàn bìng *35*
convenient 方便 fāng biàn *107*
conversation 會話 huì huà *47*
cooperate 合作 hé zuò *68*
correct 對 duì *50*; 沒錯 méi cuò *51*
counter offer (on pricing) 還價 huán jià *25*
courteous 客氣 kè qi *82*
crown prince 太子 tài zi *29*
cup 杯/杯子 bēi/bēi zi *99*
customer 客户 kè hù *82*
cute 可愛 kě ài *62*

D

daily 日常 rì cháng *37*
dance 舞 wǔ *49*
(to) dance 跳舞 tiào wǔ *49*
dancing partner 舞伴 wǔ bàn *49*
date 約會 yuē huì *47*
daughter's son 外孫 wài sūn *58*
day after tomorrow 後天 hòu tiān *69*
dead/pass away 去世 qù shì *54*
deeply in love 鐘情 zhōng qíng *20*
delicious 可口 kě kǒu *16*
despise 看不起 kàn bu qǐ *102*
dialog 會話 huì huà *47*
dialog (in a play/film) 對白 duì bái *50*
dictate/dictation 聽寫 tīng xiě *44*
different 兩樣/不一樣 liǎng yàng/bù yī yàng *12*
difference (in height/degree) 高低 gāo dī *90*

direction 方向 fāng xiàng *106*
disagree 反對 fǎn duì *50*
disappointed 掃興 sǎo xīng *91*
discern 識別 shí bié *14*
discover 發覺 fā jué *64*
distinguish 識別 shí bié *14*; 分別 fēn bié *19*
distract 分心 fēn xīn *19*
dive 跳水 tiào shuǐ *48*
divide 分 fēn *19*
do 為 wéi *22*
do/make 作 zuò *68*
do as one likes 隨便 suí biàn *107*
do wrongly 做錯 zuò cuò *51*
doctrine 道理 dào li *80*
document 書 shū *36*
don't 別 bié *81*
don't forget 別忘了 bié wàng le *81*
don't look good 難看 nán kàn *35*
don't mind 不介意 bù jiè yì *88*
doomsday 末日 mò rì *32*
doorway 門口 mén kǒu *94*
dot 點 diǎn *17*
double bed 雙人牀 shuāng rén chuáng *103*
dozen 打 dá *33*
dozing off 打瞌睡 dǎ kē shuì *63*
draw from nature 寫生 xiě shēng *38*
dress up/make up 打扮 dǎ bàn *33*
drift 漂/漂流 piāo/piāo líu *92*
drink 喝 hē *96*
drink alcohol 喝酒 hē jiǔ *96*
drink tea 喝茶 hē chá *96*
drink water 喝水 hē shuǐ *96*
drive a car 開車 kāi chē *72*
drop 點 diǎn *17*
drunk 喝醉 hē zuì *96*

E

eagerly 渴 kě *95*
electric light 電燈 diàn dēng *39*
electric shock 電 diàn *39*
electricity 電 diàn *39*
elegant 大方 dà fang *106*
eloquence 口才 kǒu cái *52*
elsewhere 別處 bié chù *81*
empty 空 kōng *76*
empty seat 空位 kòng wèi *76*
empty talk 空話 kōng huà *77*
encyclopedia 百科全書 bǎi kē quán shū *36*
end/last part 末 mò *32*
enjoy 愛 ài *62*
enjoy oneself 作樂 zuò lè *68*
enjoy surfing (internet) 愛上網 ài shàng wǎng *62*
enraged 氣死/氣死人 qì sǐ/qì sǐ rén *83*
enter 進/進去/進入 jìn/jìn qù/jìn rù *84*
entrance 口/入口 kǒu/rù kǒu *94*
entertaining 好玩 hǎo wán *61*
equal 平等 píng děng *28*
equals to 等于 děng yú *28*
essential point 要點 yào diǎn *17*
even if 就算 jiù suàn *101*
even (though) 就是 jiù shì *101*
everyday 日常 rì cháng *37*
everywhere 到處 dào chù *66*
exactly 就是 jiù shì *101*
exam/test 考 kǎo *104*; 考試 kǎo shì *105*
exam question 考題 kǎo tí *104*
examinee 考生 kǎo shēng *104*
excited 興奮 xīng fén *91*
excitement 興 xìng/xīng *91*
excluding 以外 yǐ wài *56*
excretion 便 biàn *107*
excuse me 對不起 duì bu qǐ *50, 102*
expert 高手 gāo shǒu *90*
experiment 試/試驗 shì/shì yàn *105*
explain 說明 shuō míng *75*
express a serious condition 怎麼得了 zěn me dé liǎo *11*
express bus/train 快車 kuài chē *70*
extracurricular 課外 kè wài *58*
extremely 太 tài *29*
eyesight 視力 shì lì *40*

F

factory 工廠 gōng chǎng *67*
fall asleep 睡着 shuì zháo *63*
fall in love with 愛上 ài shàng *62*
fan (of vocalists) 歌迷 gē mí *42*
farsightedness 遠視 yuǎn shì *40*
fast 快 kuài *70*
fast food 快餐 kuài cān *70*
favor/fond feeling 歡心 huān xīn *27*
feel 覺/覺得 jué/jué de *64*; 作 zuò *68*
feel like 想要 xiǎng yào *60*
feel like sleeping 想睡 xiǎng shuì *63*
field (for a ball game) 球場 qiú chǎng *34*
fight 打架 dǎ jià *33*
figure out 想出/想到 xiǎng chū/xiǎng dào *60*
fill out (a form) 填寫 tián xiě *38*

film/movie 電影 diàn yǐng *39*
finally 最後 zùi hòu *69*
find/found 找到 zhǎo dào *65*
Fine! 好吧 hǎo ba *43*
first birthday 週歲 zhōu suì *10*
five minutes (time) 五分/五分鐘 wǔ fēn/wǔ fēn zhōng *19*
five points/marks 五分 wǔ fēn *19*
fizzy drink 汽水 qì shuǐ *100*
flavor 味道 wèi dào *80*
flirt 玩弄 wán nòng *61*
float 漂/漂浮 piāo/piāo fú *92*
(to) flower 開花/開放 kāi huā/kāi fàng *72*
fond of 喜/喜歡/喜愛 xǐ/xǐ huān/xǐ ài *26*
football 足球 zú qiú *34*
for 為/為了 wéi/wèi le *22*; 給 gěi *98*
for a long time 久/長久 jiǔ/cháng jiǔ *30*
for a very long time 久久 jiǔ jiǔ *30*
forever 永久 yǒng jiǔ *30*
forgotten 給忘了 gěi wàng le *98*
found out 找出 zhǎo chū *65*
four gang of people 四幫人 sì bāng rén *108*
free 空/有空 kòng/yǒu kòng *76*
frequently 常常/時常 cháng cháng/shí cháng *37*
from now on 今後 jīn hòu *69*
fruit 水果 shuǐ guǒ *100*
fun 好玩 hǎo wán *61*
funny 可笑 kě xiào *16*
furthermore 還有 hái yǒu *25*

G

gas 氣 qì *83*
general knowledge 常識 cháng shí *14*
generous 大方 dà fang *106*
genius 天才 tiān cái *52*
get 得到 dé dào *66*
get hold of 拿到 ná dào *66*
get inside 進去/進入 jìn qù/jìn rù *84*
get involved 介入 jiè rù *88*
get lost 走開 zǒu kāi *72*
get out (of bed) 起牀 qǐ chuáng *103*
get rid of/remove 去 qù *54*
get up 起來 qǐ lái *85*
give 給/給以 gěi/gěi yǐ *98*
give as a present 送給 sòng gěi *98*
glorious 高大 gāo dà *90*
glow 發亮 fā liàng *93*
go for a movie 看電影 kàn diàn yǐng *35*
go 到 dào *66*
go back 回去 huí qù *54*
go in 進去/進入 jìn qù/jìn rù *84*
go out 出去 chū qù *54*
go to 去 qù *54*
go to bed 睡覺 shuì jiào *64*; 上牀 shàng chuáng *103*
grade/rank 等 děng *28*
grandmother (maternal) 外婆 wài pó *58*
guess 猜想 cāi xiǎng *60*
guest 客/客人 kè/kè rén *82*
guest room 客房 kè fáng *82*

H

had a good sleep 睡飽 shuì bǎo *63*
had better 還是 hái shi *25*
half 半 bàn *18*
half day 半天 bàn tiān *18*
half past nine 九點半 jiǔ diǎn bàn *18*
happen 起 qǐ *102*
happily 興衝衝 xīng chōng chōng *91*
happy 喜 xǐ *26*; 歡 huān *27*; 樂 lè *46*; 快樂/愉快 kuài lè/yú kuài *70*
happy 歡喜 huān xǐ *27*; 歡樂 huān lè *27, 46*; 開心 kāi xīn *72*; 興/高興 xìng/gāo xìng *91*
happy event 喜事 xǐ shì *26*
hastily 急忙 jí máng *24*
have a look 看看 kàn kan *35*
have to 衹好/衹得 zhǐ hǎo/zhǐ dé *59*
hear 聽 tīng *44*
heard 聽見/聽到 tīng jiàn/tīng dào *44*
heart palpitation/heartbeat 心跳 xīn tiào *48*
heartening 可喜 kě xǐ *26*
height 高矮/高低 gāo ǎi/gāo dī *90*
(to) help 幫 bāng *108*
(to) help/help 幫忙 bāng máng *24, 108*; 幫助 bāng zhù *108, 109*; 助 zhù *109*
high 高 gāo *90*
high class 上等 shàng děng *28*
high jump 跳高 tiào gāo *48*
high level 高等 gāo děng *90*
highland 高地 gāo dì *90*
hobby 愛好 ài hào *62*
hold a meeting 開會 kāi huì *47*
homework 作業 zuò yè *68*
hour (time) 鐘頭 zhōng tóu *20*
how(?) 怎/怎麼(?) zěn/zěn me *11*
how about it(?) 怎樣(?)/怎麼樣(?) zěn yàng/zěn me yàng *11*
how old(?) 幾歲(?) jǐ suì *10*
huge 高大 gāo dà *90*

hunger for 渴求 kě qiú *95*
hungry and thirsty 又渴又餓 yòu kě yòu è *95*
hurry up 快/快點兒/趕快 kuài/kuài diǎnr/gǎn kuài *70*
hyperopia/farsightedness 遠視 yuǎn shì *40*

I

idea 意 yì *73*
identify 認/認得 rèn/rèn de *13*
ideology 思想 sī xiǎng *74*
idle talk 空話 kōng huà *77*
if 要是 yào shì *78*
illuminate 照亮 zhào liàng *93*
illusion 錯覺 cuò jué *64*
important 要緊/重要 yào jǐn/zhòng yāo *78*
imprison 坐牢 zuò láo *86*
improve 改進 gǎi jìn *84*
in/inside 裡/裡面/裡邊/裡頭 lǐ/lǐ miàn/lǐ bian/lǐ tou *57*
in (one's) home/family 家裡 jiā lǐ *57*
in order to 為了 wèi le *22*; 以便 yǐ biàn *107*
in poor taste 小氣 xiǎo qì *83*
in the heart 心裡 xīn lǐ *57*
in the house 屋裡 wū lǐ *57*
in the past 過去 guò qù *54*
in the room 房裡 fáng lǐ *57*
in the sky 半空 bàn kōng *18*
in this way 這樣 zhè yàng *12*
incorrectly written characters/words 錯字 cuò zì *51*
incredible 了不起 liǎo bu qǐ *102*
inferior/low grade 下等 xià děng *28*
inform 通知/告知 tōng zhī/gào zhī *79*
inquire 打聽 dǎ tīng *44*
instruction manual 說明書 shuō míng shū *36*
intend 打算 dǎ suan *33*
interest 興趣 xìng qù *91*
interesting 有意思 yǒu yì si *74*
interfere 介入 jiè rù *88*
(to) introduce 介紹 jiè shào *88, 89*; 紹介 shào jiè *89*
it is said 聽說 tīng shuō *44*

J

job 工/工作 gōng/gōng zuò *67*
join together 紹 shào *89*
joke 笑話 xiào huà *77*
(to) joke 開玩笑 kāi wán xiào *61*
joyful 歡喜/歡樂 huān xǐ/huān le *27*; 快樂/愉快 kuài lè/yú kuài *70*
jump 跳 tiào *48*
just now 剛才/方才 gāng cái/fāng cái *52*

K

know 識 shí *14*; 知/知道 zhī/zhī dào *79*
know/learn about 得知 dé zhī *79*
know each other 認識 rèn shi *14*
know fully well 明知 míng zhī *79*
know how to(?) 會不會(?) huì bu huì *47*
knowledge 識/知識 shí/zhī shi *14*; 知/知道 zhī/zhī dào *79*

L

last 末了 mò liǎo *32*
(the) last 最後 zùi hòu *69*
last for a period 為期 wéi qī *22*
last part/end 末 mò *32*
last phase 末期 mò qī *32*
last train/bus 末班車 mò bān chē *32*
last year 去年 qù nián *54*
(arrive) late 遲到 chí dào *66*
later 後 hòu *69*
laugh heartily 歡笑 huān xiào *27*
laughable 可笑 kě xiào *16*
lay 放 fàng *71*
lay down 放下 fàng xià *71*
leave 走開 zǒu kāi *72*
lend to 借給 jiè gěi *98*
length of time 久 jiǔ *30*
let go 放手/放下 fàng shǒu/fàng xià *71*
Let's go! 走吧 zǒu ba *43*
Let's read! 看書吧 kàn shū ba *43*
Let's talk about it later! 再說吧 zài shuō ba *43*
letter of introduction 介紹信 jiè shào xìn *89*
library 圖書館 tú shū guǎn *36*
(to) lie 說謊 shuō huǎng *75*
light 亮光 liàng guāng *93*
light (electric) 電燈 diàn dēng *39*
lightning 閃電 shǎn diàn *39*
liking (in food) 胃口 wèi kǒu *94*
lipstick 口紅 kǒu hóng *94*
liquid 水 shuǐ *100*
listen 聽 tīng *44*
listeners 聽眾 tīng zhòng *44*
literate 識字 shí zì *14*
living room 客廳 kè tīng *82*
located/location 所在 suǒ zài *55*
long for 渴望 kě wàng *95*

look (of a person) 樣子 yàng zi *12*
look after 看 kān *35*
look down on 小看 xiǎo kàn *35*; 看不起 kàn bu qǐ *35, 102*
look for 找 zhǎo *65*
look for a job 找工作/找事作 zhǎo gōng zuò/zhǎo shì zuò *65*
look for someone 找人 zhǎo rén *65*
look like 看來 kàn lái *85*
lose 失去 shī qù *54*
love 愛 ài *62*
love song 情歌 qíng gē *42*
love to joke 愛說笑 ài shuō xiào *75*
love to play 好玩 hào wán *61*
lover 愛人 ài ren *62*
low grade/inferior 下等 xià děng *28*
lower case (in small letters) 小寫 xiǎo xiě *38*
lunch box 便當 biàn dāng *107*

M

main meaning/idea 大意 dà yì *73*
main point 要點 yào diǎn *17*
majority 大半/多半 dà bàn/dūo bàn *18*
make a living 為生 wéi shēng *22*
make a phone call 打電話 dǎ diàn huà *33*
make fun 作弄 zuò nòng *68*
make progress 上進 shàng jìn *84*
make tea 泡茶 pào chá *97*
make things difficult (for somebody) 為難 wéi nán *22*
make up/dress up 打扮 dǎ bàn *33*
malicious talk 壞話 huài huà *77*
man in the street 常人 cháng rén *37*
mark/point (score) 分 fēn *19*
marry to (a man) 嫁給 jià gěi *98*
may be 可能 kě néng *16*; 說不定 shuō bu dìng *75*
mean/stingy 小氣 xiǎo qì *83*
meaning 意 yì *73*; 意思 yì si *74*
meaningless 沒意思 méi yì si *74*
measure word (for buildings) 所 suǒ *55*
measure word (for drinks/liquid) 杯 bēi *99*
measure word (for padded sheets) 牀 chuáng *103*
measure word (gang) 幫 bāng *108*
meet/meeting 會 huì *47*
meet 會合 huì hé *47*
mental state 心裡 xīn lǐ *57*
method 方法 fāng fǎ *106*
mid 半 bàn *18*
mid air 半空 bàn kōng *18*; 空中 kōng zhōng *76*
milk tea 奶茶 nǎi chá *97*
mind 介意 jiè yì *88*
minute (time) 分 fēn *19*; 分鐘 fēn zhōng *20*
misconception 錯覺 cuò jué *64*
miss (a chance) 錯過 cuò guò *51*
mistaken 錯 cuò *51*
misunderstand 弄錯/搞錯 nòng cuò/gǎo cuò *51*
modal particle 吧 ba *43*
mood 心思 xīn si *74*
moon 月亮 yuè liàng *93*
moral 道 dào *80*
moreover 還有 hái yǒu *25*
mouth 口 kǒu *94*
movie 電影 diàn yǐng *39*
Mrs 太太 tài tai *29*
music 音樂 yīn yuè *45*; 樂 yuè *46*
musical instrument 樂器 yuè qì *46*
musician 音樂家 yīn yuè jiā *45*
must 祇好/祇得 zhǐ hǎo/zhǐ dé *59*
myopia/nearsightedness 近視 jìn shì *40*

N

national anthem 國歌 guó gē *42*
need 要 yào *78*
need to 須要 xū yào *78*
neighborhood 鄰裡 lín lǐ *57*
never 從來 cóng lái *85*
next time 下回 xià huí *53*
nod 點頭 diǎn tóu *17*
normal 正常 zhèng cháng *37*
not a very long time 不久 bù jiǔ *30*
not at all 別客氣 bié kè qi *81*
not bad 還可以 hái kě yǐ *16*; 不錯 cuò *51*
not interesting 沒意思 méi yì si*74*
not only/not just 不祇 bù zhǐ *59*
not very 不怎麼 bù zěn me *11*
not wrong 沒錯 méi cuò *51*
note 注意 zhù yì *73*
notify 通知/告知 tōng zhī/gào zhī *79*
novel 小說 xiǎo shuō *75*
now 現/現在 xiàn/xiàn zài *15*
nursery rhyme 兒歌 ér gē *42*

O

obedient 聽話 tīng huà *44*
obviously 可見 kě jiàn *16*
o'clock 點 diǎn *17*
odd 不對 bù duì *50*

of the opinion 認為 rèn wéi *13*
often 常 cháng *37*
Oh! 哎呀!/呀! aī yā/yā *87*
Okay! 好吧 hǎo ba *43*
okay/all right 還好 hǎo *25*
old woman 老太太/老太婆 lǎo tài tai/lǎo tài pó *29*
on behalf of 為 wèi *22*
on good terms 要好 yào hǎo *78*
on the bed 牀上 chuáng shàng *103*
one year old 週歲 zhōu suì *10*
only 才 cái *52*; 就/就是 jiù/jiù shì *101*
only 衹/衹是/衹不過/衹有 zhǐ/zhǐ shì/zhǐ bu guò/zhǐ yǒu *59*
only four years old 才四歲 cái sì suì *52*
onward 以上 yǐ shàng *56*
open 打開 dǎ kāi *33, 72*; 開 kāi *72*
opening 口 kǒu *94*
operate 開 kāi *72*
opinion 意見 yì jiàn *73*; 高見 gāo jiàn *90*
opponent 對手 duì shǒu *50*
opportunity 機會 jī huì *47*
oppose 作對 zuò duì *50*
or else 要不/要不然 yào bù/yào bu rán *78*
oral exam 口試 kǒu shì *105*
orchestra 樂隊 yuè duì *46*
order dishes 點菜 diǎn cài *17*
ordinary 常見/平常 cháng jiàn/píng cháng *37*
ordinary person 常人 cháng rén *37*
originally 本來 běn lái *85*
other 別的 bié de *81*
other half (of a couple) 另一半 lìng yī bàn *18*
other people 別人 bié rén *81*
other side/other party 對方 duì fáng *50*
otherwise 要不/要不然 yào bù/yào bu rán *78*
outside 外 wài *58*
outside the gate/door 門外 mén wài *58*
outsider 外人 wài rén *58*
outstanding 漂亮 piào liang *92*
(one) owns/possesses 所有 suǒ yǒu *55*

P

pajamas 睡衣 shuì yī *63*
parachute 跳傘 tiào sǎn *48*
paradise 樂園 lè yuán *46*
part 地方 dì fāng *106*
part/parting 分手 fēn shǒu *19*; 道別 dào bié *80*; 別 bié *81*
pass a test/exam 考上 kǎo shàng *104*
pass away/dead 去世 qù shì *54*
passenger 乘客 chéng kè *82*
pay/wage 工錢/工資 gōng qian/gōng zī *67*
pay attention 注意 zhù yì *73*
peaceful 太平 tài píng *29*
performance 表現 biǎo xiàn *15*
perfume 香水 xiāng shuǐ *100*
perhaps 說不定 shuō bu dìng *75*
permanent 永久 yǒng jiǔ *30*
permitted 可/可以 kě/kě yǐ *16*
pick up 拿起 ná qǐ *102*
pitch (for a ball game) 球場 qiú chǎng *34*
place (location) 所 suǒ *55*
place/lay 放 fàng *71*
place/region 地方 dì fāng *106*
plan 打算 dǎ suan *33*
play 打 dǎ *33*; 玩 wán *61*; 玩耍/遊玩 wán shuǎ/yóu wán *61*
play a ball game 打球 dǎ qiú *34*
player (for a ball game) 球員 qiú yuán *34*
Please come! 來呀! lái ya *87*
please drink 請喝 qǐng hē *96*
pocket 口袋 kǒu dai *94*
point 點 diǎn *17*
point/mark (score) 分 fēn *19*
polite 客氣 kè qi *82*
pond 水池 shuǐ chí *100*
ponder 思/思考 sī/sī kǎo *74*
(one) possesses 所有 suǒ yǒu *55*
possible 可能 kě néng *16*
pour tea 倒茶 dào chá *97*
pregnant 有喜 yǒu xǐ *26*
pregnancy 喜 xǐ *26*
preposition (grammar) 介詞 jiè cí *88*
prescription 方 fāng *106*
present/at present 現/現在 xiàn/xiàn zài *15*
pretty good 不錯 bù cuò *51*
previously 以前 yǐ qián *56*
progress 進 jìn *84*
pronunciation 發音/讀音 fā yīn/dú yīn *45*
prosper 興 xīng *91*
provided that 衹要 zhǐ yào *59*
pub 酒吧 jiǔ bā *43*
purposely 有意/故意 yǒu yì/gù yì *73*

Q

quick meal 便飯 biàn fàn *107*
quickly 急忙 jí máng *24*; 趕快 gǎn kuài *70*
quickly 快/快點兒 kuài/kuài diǎnr *70*

R

raindrops 雨點 yǔ diǎn *17*
rank/grade 等 děng *28*
read (reading materials) 看 kàn *35*
ready to 樂意 lè yì *46*
readymade 現成 xiàn chéng *15*
realize 發覺 fā jué *64*
really/truly 可是 kě shì *16*
reason 因/原因 yīn/yuán yīn *21*; 為什麼(?) wèi shěn me *22*
reasoning 道理 dào li *80*
recall 想起 xiǎng qǐ *60*
reckon 想 xiǎng *60*
recognize 認/認得 rèn/rèn de *13*; 識/認識 shí/rèn shi *14*
recollect 回想 huí xiǎng *53*
record/phonograph 唱片 chàng piàn *41*
recover 拿回 ná huí *53*
refer to 說到 shuō dào *66*
refreshments 茶點 chá diǎn *97*
refrigerator 電冰箱 diàn bīng xiāng *39*
regard as 當作 dāng zuò *68*
regular 正常 zhèng cháng *37*
regular customer 常客 cháng kè *82*
relatives of one's mother 外 wài *58*
release 放/放開 fàng/fàng kāi *71*
relieve/help 救助 jìu zhù *109*
relieve oneself 方便 fāng biàn *107*
remember 想起 xiǎng qǐ *60*
remove 去 qù *54*
request 要求 yāo qiú *78*
residence 住所 zhù suǒ *55*
resit a test/exam 補考 bǔ kǎo *104*
return 回 huí *53*
return/give back 還 huán *25*
return/go back 回去 huí qù *54*
return a call (reply) 回電 huí diàn *39*
return book(s) 還書 huán shū *25*
return change (money) 找/找錢 zhǎo/zhǎo qián *65*
return home 回家 huí jiā *53*
return to 回到 huí dào *66*
ride 坐 zuò *86*
ringing (of bells) 鐘聲 zhōng shēng *20*
rinse 漂 piǎo *92*
rise 起來 qǐ lái *85, 102*; 起/起身 qǐ/qǐ shēn *102*
road 道/道路 dào/dào lù *80*

S

salary 薪水 xīn shuǐ *100*
same age 同歲 tóng suì *10*
sample book 樣本 yàng běn *12*
say goodbye 分手 fēn shǒu *19*
scene (of happenings) 現場 xiàn chǎng *15*
school bag 書包 shū bāo *36*
search 找尋 zhǎo xún *65*
seat 坐位 zuò wèi *86*
see 看/看見 kàn/kàn jiàn *35*; 視 shì *40*
see a patient 看病 kàn bìng *35*
see as 視為 shì wéi *40*
see ... off 歡送 huān sòng *27*
sell to 賣給 mài gěi *98*
send (a signal/message) 打 dǎ *33*
senior 太 tài *29*;高 gāo *90*
sentence-ending particle 呀 ya *87*
separate 分開 fēn kāi *72*
set fire 放火 fàng huǒ *71*
set free 放開 fàng kāi *71*
share work 分工 fēn gōng *19*
shiny 明亮 míng liàng *93*
shout 喝 hè *96*
show 亮 liàng *93*
show improvement 進步 jìn bù *84*
sing 唱/唱歌/歌唱 chàng/chàng gē/gē chàng *41*
sing an opera 唱戲 chàng xì *41*
sing for a living 賣唱 mài chàng *41*
sing in chorus 合唱 hé chàng *41*
sing loudly 高唱 gāo chàng *41*
singer (vocalist) 歌手 gē shǒu *42*
single bed 單人牀 dān rén chuáng *103*
sit 坐 zuò *86*
sit down 坐下 zuò xià *86*
sit in silence 靜坐 jìng zuò *86*
sketch from nature 寫生 xiě shēng *38*
skip a grade/level 跳班 tiào bān *48*
sky 空/天空 kōng/tiān kōng *76*
skydive 跳傘 tiào sǎn *48*
sleep 睡 shuì *63*; 覺/睡覺 jiào/shuì jiào *64*
small token 小意思 xiǎo yì si *74*
smell 氣味 qì wèi *83*
snack 點心 diǎn xīn *17*
so/therefore 因此 yīn cǐ *20*
so long as 祇要 zhǐ yào *59*
so that 以便 yǐ biàn *107*
song 歌 gē *42*
song and dance 歌舞 gē wǔ *49*
soon 不久 bù jiǔ *30*; 快要/快了 kuài yào/kuài le *70*
sorry 對不起 duì bu qǐ *50, 102*
sound 音/聲音 yīn/shēng yīn *45*

space 太空 tài kōng *29*
sparkle 亮晶晶 liàng jīng jīng *93*
speak 說/說話 shuō/shuō huà *75*
special 特別 tè bié *81*
split up (work) 分別 fēn bié *19*
sponsor 贊助 zàn zhù *109*
sport shoe 球鞋 qiú xié *34*
spouse 愛人 ài ren *62*
square (shape) 方/四方 fāng/sì fāng *106*
stage 舞臺 wǔ tái *49*
stage play 話劇 huà jù *77*
star (singer) 歌星 gē xīng *42*
stepfather 後父 hòu fù *69*
still/yet 還/還是 hái/hái shi *25*
still want 還要 hái yào *25*
stimulant 興奮劑 xīng fén jì *91*
stingy 小氣 xiǎo qì *83*
stop work 停工 tíng gōng *67*
street 街道 jiē dào *80*
strength 氣力 qì lì *83*
strike 打 dǎ *33*
study 就讀 jiù dú *101*
study/investigate 考 kǎo *104*
study/study room 書房 shū fáng *36*
subject 話題 huà tí *77*
substance 才 cái *52*
sun 太陽 tài yáng *29*
Sunday 週日 zhōu rì *31*
supplementary income 外快 wài kuài *70*
suppose 猜想 cāi xiǎng *60*
sweat 汗水 hàn shuǐ *100*

T

task 作業 zuò yè *68*
take away (service) 外賣 wài mài *58*
take back 拿回 ná huí *53*
take off 起飛 qǐ fēi *102*
take office 就任 jiù rèn *101*
take pleasure in helping others 助人為樂 zhù rén wéi lè *109*
talent 才能 cái néng *52*
talented 才 cái *52*
talented person 人才 rén cái *52*
talk nonsense 放屁 fàng pì *71*
tall 高 gāo *90*
taste 味道 wèi dào *80*
taste good (drinks) 好喝 hǎo hē *96*
tasty 可口 kě kǒu *16*
tea 茶 chá *97*
tea leaves 茶葉 chá yè *97*
tea set 茶具 chá jù *97*
teacup 茶杯 chá bēi *99*
team (for a ball game) 球隊 qiú duì *34*
teapot 茶壺 chá hú *97*
tease 作弄 zuò nòng *68*
telephone 電話 diàn huà *39, 77*
television program 電視 diàn shì *40*
television set 電視/電視機 diàn shì/diàn shì jī *40*
terrific 了不起 liǎo bu qǐ *102*
test/exam 考 kǎo *104*; 考試 kǎo shì *105*
test/try 試 shì *105*
test/exam question 考題 kǎo tí *104*
(to) thank 道謝 dào xiè *80*
That's easy! 小意思 xiǎo yì si *74*
That's great! 太好了 tài hǎo le *29*
(I see,) that's why 原來如此 yuán lái rú cǐ *85*
the end 末尾 mò wěi *32*
then 就 jiù *101*; 便 biàn *107*
therefore 因此 yīn cǐ *21*; 所以 suǒ yǐ *56*
think 想 xiǎng *60*
think/believe 以為 yǐ wéi *56*
think/of the opinion 認為 rèn wéi *13*
think about it 想想看 xiǎng xiǎng kàn *60*
think of 想出/想到 xiǎng chū/xiǎng dào *60*; 思 sī *74*
think over 思考 sī kǎo *74*
thinking 思想/心思 sī xiǎng/xīn sī *74*
thirsty 渴/口渴 kě/kǒu kě *95*
thorough 週到 zhōu dào *31*
three cups of hot tea 三杯熱茶 sān bēi rè chá *99*
three o'clock 三點/三點鐘 sān diǎn/sān diǎn zhōng *17*
thus 因而 yīn ér *21*
time (measure) 鐘 zhōng *20*
... to 給 gěi *98*
toilet 廁所 cè suǒ *55*
tone (of sound) 音 yīn *45*
tone (when saying something) 口氣 kǒu qì *94*
too 太 tài *29*
too busy 太忙了 tài máng le *24*
too late 來不及 lái bu jí *85*
tool 工具 gōng jù *67*
touch on 說到 shuō dào *66*
toy 玩具 wán jù *61*
toy with 玩弄 wán nòng *61*
travel by 坐/乘坐 zuò/chéng zuò *86*
travel by air/plane 坐飛機 zuò fēi jī *86*
travel by sea/boat 坐船 zuò chuán *86*
treat (a person) 對 duì *50*
trick 花樣 huā yàng *12*

(to) trick 玩弄 wán nòng *61*
try/trial 試/嘗試 shì/chàng shì *105*
try out 試用 shì yòng *105*
try and see 試試/試試看 shì shì/shì shì kàn *105*
tuck 別 bié *81*
turn around 回 huí *53*
turn on 開 kāi *72*
two cups of coffee 兩杯咖啡 liǎng bēi kā fēi *99*
two hospitals 兩所醫院 liǎng suǒ yī yuàn *55*
type/kind 樣 yàng *12*
type/kind 等 děng *28*

U

ugly 難看 nán kàn *35*
unable to help 幫不上忙 bāng bù shàng máng *108*
unconciously 不知不覺 bù zhī bù jué *64*
unexpected 想不到 xiǎng bu dào *60*; 意外 yì wài *73*
until 到 dào *66*
until .../up to ... 為止 wéi zhǐ *22*
upper case (in capital letters) 大寫 dà xiě *38*
use 以 yǐ *56*
usual 平常 píng cháng *37*

V

(take) vacation 放假 fàng jià *71*
variety 花樣 huā yàng *12*
very 很 hěn *23*
(a) very busy person 大忙人 dà máng rén *24*
very fast 很快 hěn kuài *23*
very little/few 半 bàn *18*
very long 很長 hěn cháng *23*
very low 很低 hěn dī *23*
very short (height) 很矮 hěn ǎi *23*
very short (length) 很短 hěn duǎn *23*
very slow 很慢 hěn màn *23*
very tall 很高 hěn gāo *23*
view/opinion 意見 yì jiàn *73*
vigorous 歡 huān *27*
vision 視力 shì lì *40*
voice 聲音 shēng yīn *45*

W

wage/pay 工錢/工資 gōng qian/gōng zī *67*
wait 等 děng *28*
wait for 等候/等待 děng hòu/děng dài *28*
wait for a long time 久等 jiǔ děng *30*
wait until 等到 děng dào *28*
wake up 睡醒 shuì xǐng *63*
want 要 yào *78*
want to/wish for 想/想要 xiǎng/xiǎng yào *60*
watch/see 看 kàn *35*; 視 shì *40*
water 水 shuǐ *100*
water buffalo 水牛 shuǐ niú *100*
way 道 dào *80*
weather 氣候 qì hòu *83*
wedding dinner 喜酒 xǐ jiǔ *26*
week/weekly 週 zhōu *31*
weekend 週末 zhōu mò *31, 32*
welcome 歡迎 huān yíng *27*
west/western 西方 xī fāng *106*
what's going on? 怎麼回事(?) zěn me huí shì *11*
why? 怎/怎麼(?) zěn/zěn me *11*
why? 為什麼(?) wèi shěn me *22*
wife 太太 tài tai *29*
wiling to 樂意 lè yì *46*
window 窗口 chuāng kǒu *94*
within 裡 lǐ *57*
wonderful 漂亮 piào liang *92*
(one's) words 話 huà *77*
(to) work 工作/做工/打工 gōng zuò/zuò gōng/dǎ gōng *67*
work (labor) 工/工作 gōng/gōng zuò *67*
worker 工/工人/員工 gōng/gōng rén/yuán gōng *67*
World Cup 世界杯 shì jiè bēi *99*
write/compose 寫 xiě *36*; 書 shū *38*; 作 zuò *68*
write a letter 寫信 xiě xìn *38*
write characters/words 寫字 xiě zì *38*
write wrongly 寫錯 xiě cuò *51*
writing 寫作 xiě zuò *38*
wrong 不對 bù duì *50*; 錯 cuò *51*

Y

years 歲月 suì yuè *10*
years old 歲 suì *10*
yet to ... 還/還沒 hái/hái méi *25*
you're welcome 別客氣 bié kè qi *81*

List of Radicals

— 1 stroke —

1 一 one
2 丨 down
3 丶 dot
4 丿 left
5 乙 twist
6 亅 hook

— 2 strokes —

7 二 two
8 亠 lid
9 人 man
10 儿 legs
11 入 enter
12 八 eight
13 冂 borders
14 冖 crown
15 冫 ice
16 几 table
17 凵 bowl
18 刀 knife
19 力 strength
20 勹 wrap
21 匕 ladle
22 匚 basket
23 匸 box
24 十 ten
25 卜 divine
26 卩 seal
27 厂 slope
28 厶 cocoon
29 又 right hand

— 3 strokes —

30 口 mouth
31 囗 surround
32 土 earth
33 士 knight
34 夂 follow
35 夊 slow
36 夕 dusk
37 大 big
38 女 woman
39 子 child
40 宀 roof
41 寸 thumb
42 小 small
43 尢 lame
44 尸 corpse
45 屮 sprout
46 山 mountain
47 川 river
48 工 work
49 己 self
50 巾 cloth
51 干 shield
52 幺 coil
53 广 lean-to
54 廴 march
55 廾 clasp
56 弋 dart
57 弓 bow
58 彐 pig's head
59 彡 streaks
60 彳 step

— 4 strokes —

61 心 heart
62 戈 lance
63 戶 door
64 手 hand
65 支 branch
66 攴 knock
67 文 pattern
68 斗 peck
69 斤 axe
70 方 square
71 无 lack
72 日 sun
73 曰 say
74 月 moon
75 木 tree
76 欠 yawn
77 止 toe
78 歹 chip
79 殳 club
80 毋 don't
81 比 compare
82 毛 fur
83 氏 clan
84 气 breath
85 水 water
86 火 fire
87 爪 claws
88 父 father
89 爻 crisscross
90 爿 bed
91 片 slice
92 牙 tooth
93 牛 cow
94 犬 dog

— 5 strokes —

95 玄 dark
96 玉 jade
97 瓜 melon
98 瓦 tile
99 甘 sweet
100 生 birth
101 用 use
102 田 field
103 疋 bolt
104 疒 sick
105 癶 back
106 白 white
107 皮 skin
108 皿 dish
109 目 eye
110 矛 spear
111 矢 arrow
112 石 rock
113 示 sign
114 禸 track
115 禾 grain
116 穴 cave
117 立 stand

— 6 strokes —

118 竹 bamboo
119 米 rice
120 糸 silk
121 缶 crock
122 网 net
123 羊 sheep
124 羽 wings
125 老 old
126 而 beard
127 耒 plow
128 耳 ear
129 聿 brush
130 肉 meat
131 臣 bureaucrat
132 自 small nose
133 至 reach
134 臼 mortar
135 舌 tongue
136 舛 discord
137 舟 boat
138 艮 stubborn
139 色 color
140 艸 grass
141 虍 tiger
142 虫 bug
143 血 blood
144 行 go
145 衣 gown
146 襾 cover

— 7 strokes —

147 見 see
148 角 horn
149 言 words
150 谷 valley
151 豆 flask
152 豕 pig
153 豸 snake
154 貝 cowrie
155 赤 red
156 走 walk
157 足 foot
158 身 torso
159 車 car
160 辛 bitter
161 辰 early
162 辵 halt
163 邑 city
164 酉 wine
165 釆 sift
166 里 village

— 8 strokes —

167 金 gold
168 長 long
169 門 gate
170 阜 mound
171 隶 grab
172 隹 dove
173 雨 rain
174 青 green
175 非 wrong

— 9 strokes —

176 面 face
177 革 hide
178 韋 walk off
179 韭 leeks
180 音 tone
181 頁 head
182 風 wind
183 飛 fly
184 食 food
185 首 chief
186 香 scent

— 10 strokes —

187 馬 horse
188 骨 bone
189 高 tall
190 髟 hair
191 鬥 fight
192 鬯 mixed wine
193 鬲 cauldron
194 鬼 ghost

— 11 strokes —

195 魚 fish
196 鳥 bird
197 鹵 salt
198 鹿 deer
199 麥 wheat
200 麻 hemp

— 12 strokes —

201 黃 yellow
202 黍 millet
203 黑 black
204 黹 embroider

— 13 strokes —

205 黽 toad
206 鼎 tripod
207 鼓 drum
208 鼠 mouse

— 14 strokes —

209 鼻 big nose
210 齊 line-up

— 15 strokes —

211 齒 teeth

— 16 strokes —

212 龍 dragon
213 龜 tortoise

— 17 strokes —

214 龠 flute